パーソナリティ特性診断

Human Core Analysis

人間関係は「自分を正しく知る」
ことからはじめる

メンタルカウンセラー
特性アドバイザー
河野ヒナタ
（黒まめ先生）

内外出版社

パーソナリティ特性診断

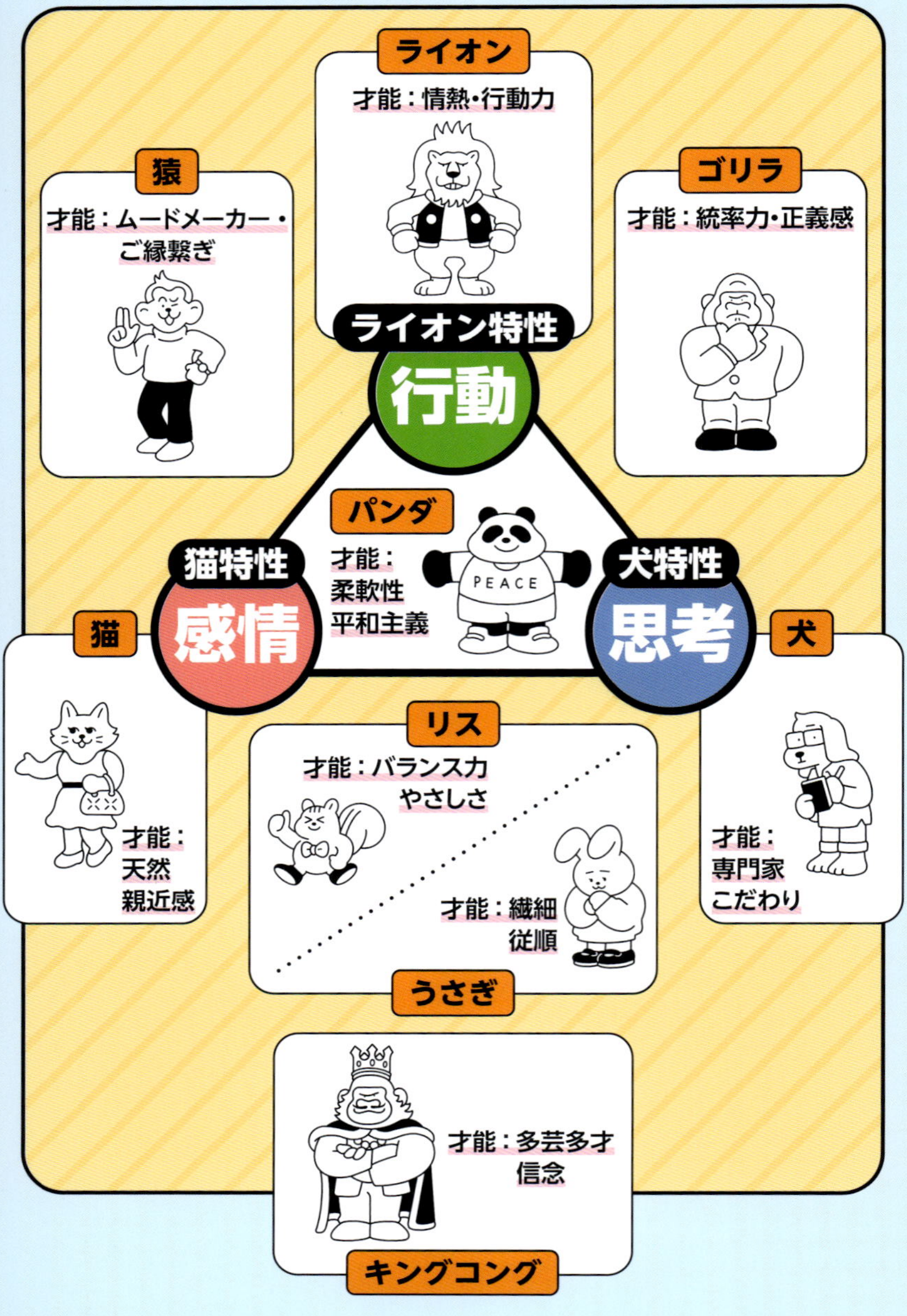

パーソナリティ特性診断の世界へようこそ!

この9タイプの動物たちの中に、あなたがいます。

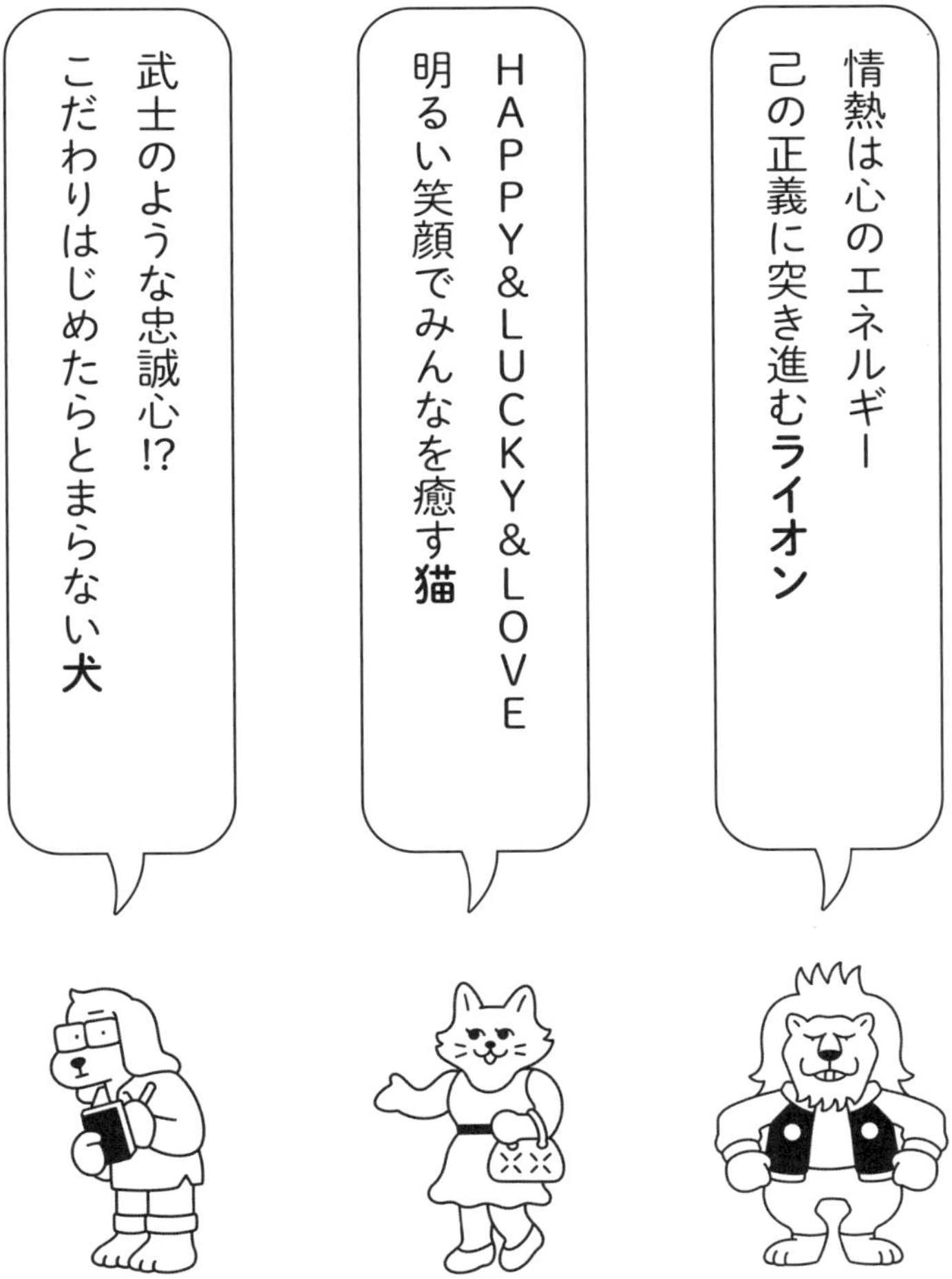
情熱は心のエネルギー
己の正義に突き進む**ライオン**
HAPPY&LUCKY&LOVE
明るい笑顔でみんなを癒す**猫**
武士のような忠誠心!?
こだわりはじめたらとまらない**犬**

特性を理解するということは、

人の本当の魅力を知るということです。

ルールやモラルを重んじる完璧主義者
義理人情に厚い、親分肌の**ゴリラ**

直感型のハピネス探求者
人と人をつなげる天才的話術の**猿**

あなたの笑顔がわたしの喜び！
無邪気で気配り上手な**リス**

人間関係は「自分と相手を正しく知る」ことで変わります。

本書で、あなたの生きる世界に奇跡をおこしましょう！

愛しさと、切なさと、心強さと……
繊細さと優しさに満ちあふれた**うさぎ**

高級クッションのような包容力
ピリピリ空気を平和に変える**パンダ**

ぶれない・媚びない・群れない！
自主自立を極めた**キングコング**

目次

4章 円満な人間関係は付き合い方で決まる 9タイプ別取り扱い説明書

5章 4万人を鑑定してわかった不変の法則 悩ましい特性との付き合い方

1章

人のタイプを知れば、悩みは消える

パーソナリティ特性診断とは

人間関係をこじらせる「なぜ？」「なんで？」「どうして？」

今日も私のもとには、「先生、悩みを聞いてください！」と多くの相談者さんが訪れます。女性も男性も、年齢も関係ありません。東京と福岡の二拠点をベースに個性鑑定をお受けしているのですが、日本全国で人の悩みは尽きないものです。

その内容は、ご自身に降りかかったトラブルによるものや、仕事に関する悩み、家族に関することなどさまざまなものが持ち込まれますが、圧倒的に多いのが「人間関係」に関する相談です。人間関係といっても、多岐にわたりますよね。

例えば

「育てているのは私なのに、子どもの性格が別れた旦那に似てきた」というお母さま。

「昔は魅力に感じていた夫の性格を、今は嫌悪している」という奥さま。

「母親がきつくて、何も言い返せない。家に居場所がない」と悩む中学生。

「上司が私を全く評価しない。それどころか、何もできない後輩ばかりを可愛がっている。

その理由が知りたい」というサラリーマン。

まさに「人あるところに人間関係の悩みあり」。みなさん、本当に頭を抱えているようです。しかし、これらのお悩みには共通点があります。それは、「相手のことがわからないがゆえ、悩みが尽きない」ということです。

「私は○○○なのに、なんであの人は～」「私は△△△の行動をしたのに、どうしてあいつは～」など、相手がなぜそんな言動・行動をとるのかさっぱり理解できないとおっしゃるのです。

悩みというモノは、たいてい「自分と他人のズレ」から生じます。

「他人が自分の期待通りに動いてくれない」場合も同様です。例えば、お母さんが4歳の我が子にピアノの習い事をさせたとしましょう。自分は小さい頃、楽しくお稽古ごとに通っていた。だからきっと子どもも楽しく通うはず。

そう思っていたのに、子どもはなぜか「行きたくない」と1週間で習い事を嫌がりはじめて、休みがちになってしまった。「楽しくないのかしら……」とお母さんは思いますが、小学生になっても中学生になっても、自分が勧めるものにはなかなか見向きもしない。お母さんからすれば当然「なんで?」と思うようになるでしょう。そして最終的には、「私の言うことを聞かないダメな子」と認識してしまうかもしれません。

しかし、です。娘さんからしたら「どうしてママはこんなに嫌な習い事ばかりさせるの？」「私はもっと別のことがしたいのに、どうしていつもわかってくれないの？」という気持ちを抱いていることになります。そうして「ママは私のことを全然わかってくれない」と精神的に不安定になり、閉鎖的になったり、泣き出したり、しまいには家を飛び出していってしまうかもしれません。

つまり、**他人へ向かう「なぜ？」「なんで？」「どうして？」という思いは、「相手は自分を理解してくれない人だ」「この人には何を言っても仕方がないからもう話すのをやめよう」と人間関係を希薄にさせる、その引き金になってしまうのです。**

血のつながっている親子ですら例外ではありません。実際、相談者さんの中にもお互いの気持ちがすれ違い、親子関係が悪化している方も大勢みてまいりました。

そんな悲しい結末にならないためにはどうすればいいか。

この命題を考えるために、まずは「3つの特性で人の性格が決まる」ことをご理解いただきたいのです。

３つの特性が人の生き方を決める

これから解説していくパーソナリティ特性診断は、①ライオン（行動）②猫（感情）③犬（思考）の３つの特性をベースにしています（15ページ図）。

ライオンは、行動力に長けていて、スタミナや、実行力があります。常に動いていないと気が済まず、体力もある。まさに「百獣の王」というタイプです。

犬は、こだわりが強く、物事をじっくり考える「熟考」タイプ。理由や理屈、実行するための意味や必要性が理解できないとすぐには行動できません。また、大人数より１人が楽で、自分の楽しみを優先しがちです。

猫は、人とのコミュニケーション力、対人力に優れており、感情表現能力が高いです。自由気ままなところもあります。好奇心がとても強く、新しいモノ好きで、愛情深いタイプです。

三者三様、それぞれ異なる特性を持っているのがおわかりいただけましたか？

ではもう少し、詳しくみていきましょう。

抜群に行動力のある活発なライオン特性

3つの特性の中で、リーダーシップを持っているのがライオンです。「俺についてこい」と背中で語る、まさに頼れる兄貴タイプ。そして、競争意識や負けず嫌いを強く持ちあわせています。

「ガオーッ」という迫力の雄たけびよろしく、この特性を持っていると声が大きく、ムキになりやすい一面もあります。とにかくせっかちで、落ち着きがないため「じっくり物事を考えたい」という人にとってはややノイズになってしまうことも。

ただ、プロジェクトを動かしたり、団体行動でみんなをまとめたりと、人をグイグイ引っ張っていく特性があり、「落ち着きはないが結果を出す」ため、有無を言わせない気迫も持ち合わせています。ライオン特性を持っていない人からは、頼りがいになる部分と怖さの両方を持っているように感じられます。

●ライオン特性を持っているタイプ：ライオン　ゴリラ　猿　パンダ　キングコング

ライオン

才能：情熱・行動力

・元気で体力がある
・リーダーシップ
・負けず嫌い
・せっかち（スピード感）
・喜怒哀楽が強く出る
・想いや欲に忠実

ライオン特性
行動

猫特性
感情

犬特性
思考

猫

才能：天然・対人力

・親近感
・自由気まま
・いつも楽しそう
・思ったことを言う
・寂しがりで一人が苦手
・変化大好き
・飽きっぽい

犬

才能：専門家・TPO・こだわり

・人見知り
・TPO（時間・場所・場面）を重視
・人と目を合わせるのが苦手
・言いたいことは我慢する
・一人が楽
・ルーティンが好き
・記憶力

高い対人能力で人気者の猫特性

猫特性は、とにかくその抜群の「社交性」が魅力です。いつもニコニコとして、場を和ませる、また雰囲気を良くする天才です。好奇心旺盛で新しいモノや流行っているコトに敏感で、人の集まるテーマパークやイベントに参加するのが好き。とにかくポジティブで明るい性格をしています。

天真爛漫で無邪気なため、「子どもっぽいな」と思われることもありますが、本人が楽しそうなのでなんだか許せてしまうのです。

欲求にはとにかく忠実で、特に「食べる」「寝る」「遊ぶ」の3つは常に満たしておきたい要素。1つでも欠けると急にパワーダウンしてしまいます。欲が強いなど本能的な部分も強く、うっかりミスや忘れ物が多かったり、数字に弱いため、結果、金銭感覚が弱かったりもします。

●猫特性を持っているタイプ：猫　猿　リス　うさぎ　パンダ　キングコング

専門家気質でこだわり尽くす犬特性

これまで4万人を鑑定してきて、日本人が持っている特性で最も多いのがこの犬特性です。その割合は、全体の65％以上！

性格は実直でまじめ。基本的に素晴らしい記憶力や芸術力を持っており、関心を向けた対象への集中力は、他のタイプを圧倒します。また、「オタク」気質で物事にこだわりがあり、気になることはすぐに調べ、理解できるまで深堀りしてしまいます。

自分の世界がある一方で、人の顔色と空気を読むことが習慣化されているため、人が多い場所から家に帰ってくるとぐったり。「寝る前に反省会」なんて人が結構多いです。

ルーティン作業やデスクワークが得意な一方、対人スキルは低く、「慣れた人にしか心を開けない」というタイプです。自分一人で安心して過ごせる時間と空間（筆者はこれを『犬小屋』と読んでいます）がなければ心が病んでしまいます。

●犬特性を持っているタイプ：犬　ゴリラ　うさぎ　リス　パンダ　キングコング

人間は9タイプに分類できる

ライオン特性、猫特性、犬特性を紹介しました。ご自身はどの特性が一番色濃く出ていそうでしたか？　特性診断では、この3つの特性を使って人を9タイプに分類します。

1つだけ当てはまった方も、全部当てはまったという方もいらっしゃると思います。例えばライオン特性だけが当てはまる。猫・犬特性は全く該当しない。そういう型は「単一型」で、紹介した3つの特性のうちどれかを強く持っている方です。反対に、2つ以上の特性を持ち合わせているのが「複合型」で、組み合わせによって6タイプ（左ページ図）存在します。

ここでは「**特性診断はライオン・猫・犬の3つの特性をベースにしている**」ということ、そして「**3つのうち、どの特性を持っているかによって人の特性は9タイプに分けることができる**」ということだけを覚えておいてください。各タイプの詳細は3章以降で解説します。

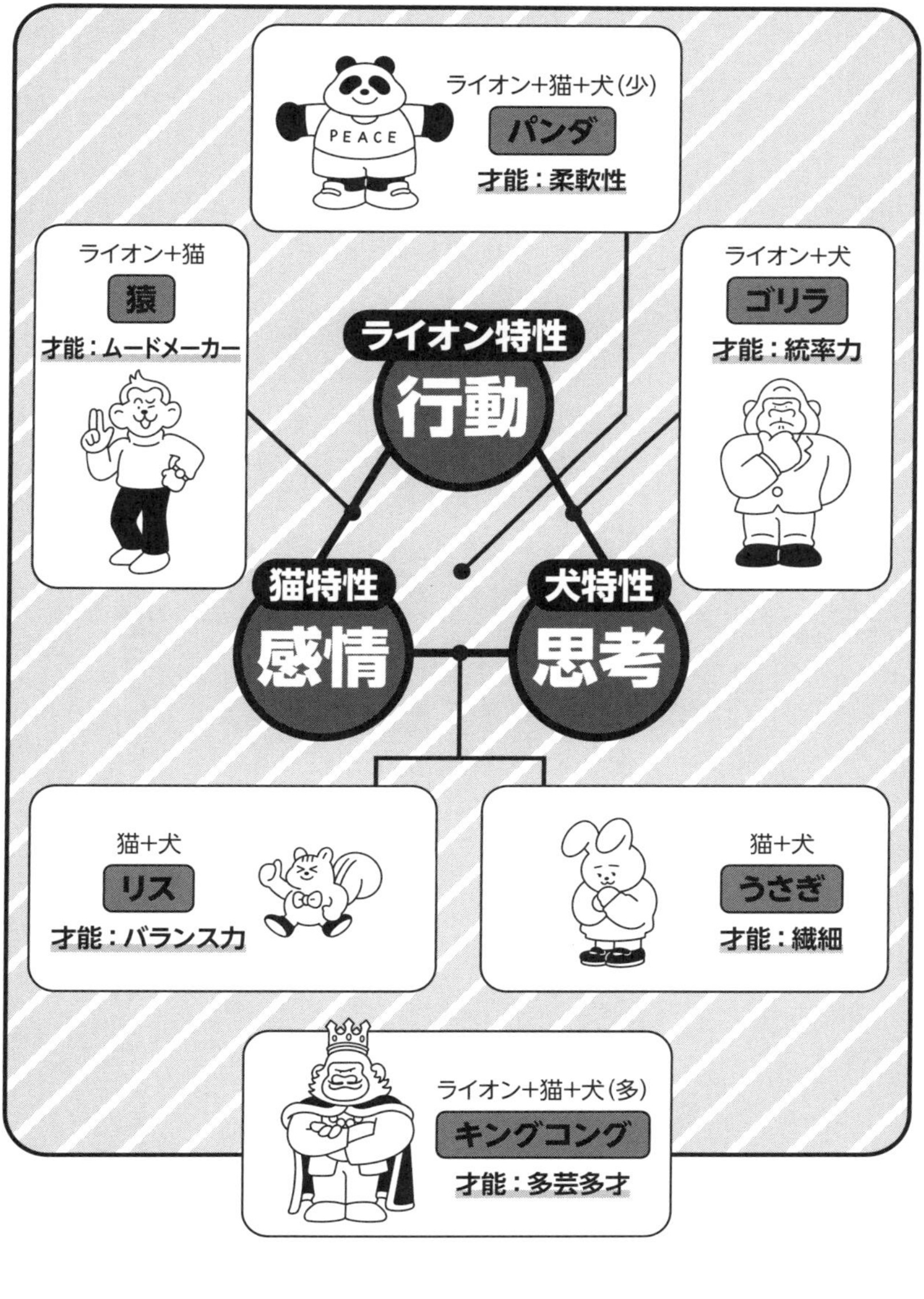
ライオン+猫+犬(少)
パンダ
才能：柔軟性
ライオン+猫
猿
才能：ムードメーカー
ライオン+犬
ゴリラ
才能：統率力
ライオン特性
行動
猫特性
感情
犬特性
思考
猫+犬
リス
才能：バランス力
猫+犬
うさぎ
才能：繊細
ライオン+猫+犬(多)
キングコング
才能：多芸多才

他人よりも、まずは自分を知ることからはじめる

ここまで登場した9タイプの詳しい性格診断はまた後の章でするとして、読み進めていただくにあたり、心に留め置いていただきたいことが2つあります。

1つは、**「他人のことを知る前に自分のことをよく知る」**ということです。改めて、自分の性格を3つの特性にに分類してみると、「自分はこういう傾向があるんだな」ということがお分かりになったと思います。

その上で、「自分は接客が苦手なんだな」とか「こういう人に弱いんだな」ということも客観的にみていただきたいのです。「苦手な人やコトがある」ということ自体が自分の努力不足によるものではなく、特性が原因であると理解できると、自分で自分を許せるようになります。「私（あの人）はこういう特性だから仕方がないよね」と。

人間、完璧な人なんていません。どんな人にも「得手不得手」があるようにみなさんにも、当然私にも「苦手だな」と思うことはあります。大事なのは、「そんな自分をキライになら

ない」こと。ありのままの自分をまずは受けとめてあげてほしいのです。

そしてもう1つは「**苦手な人やモノとうまく折り合いをつける**」ということです。たとえ血の繋がった家族でさえ、「相性が合う・合わない」はあります。一人一人違う人間である以上、ある意味当然のことではありますが、なかなかそうは割り切れませんよね。

多くの人は「苦手だ」と思うとなんとなく感覚的にその人を遠ざけ、距離をとります。すると距離が離れてますます「合わない人」の本質が理解できなくなります。その挙句「なぜあの人はあんなことを言うんだろう?」「なんでこんなに嫌な気持ちになるのだろう?」「どうしてこんなことをするのだろう?」と頭がハテナでいっぱいになってしまいます。

合わない人のことを理解する、というのはエネルギーのいることかもしれません。

しかし、その人の特性タイプを知り、理解するだけで、無用な衝突やトラブルが避けられるとしたらどうでしょう?

「それならちょっと知りたいかも……」と思いませんか?

ぜひ、皆さまには本書を「自分」と「他人」のことを知るひとつのツールとして役立てていただけたら幸いです。

歩み寄れない犬と猫、独断専行のライオン

もう一度、ライオン・犬・猫のトライアングルの図を見てください。実は、この3つの特性は、それぞれ独立した性格を持っており、基本的に相容れることはありません。

例えば、犬タイプは猫タイプのことを

「自分とは全然違う性格。あんな風にずっと明るく振舞っていられない」

「あんなに人としゃべって疲れないのかな……」

と思っています。逆に猫は犬のことを

「細かい作業を集中力を切らさずに黙々とできるなんてすごいな」

「いつも真面目で面白いこともほとんど言わないし、人生楽しいのかな？」

などと思ってしまいます。

実際の犬と猫を思い浮かべてみてください。犬は、「犬小屋」（今はケージと呼ぶのでしょうが）で自分の「居場所」がなければ落ち着きませんし、そこで眠る習性を持っていますが、

猫は自由気まま、眠るところはとくに決まっていませんよね。寒ければお布団の上で寝ますし、暑ければ床で涼しいところを選んで眠ります。性格も気まぐれで、ゴーイングマイウェイの猫に対し、犬は基本的に主人に忠実。その分、従属関係もきちんと把握しています。これは、性格診断の犬特性、猫特性にも如実に現れていると言っていいでしょう。

さて、では「ライオン」はどうか。実はこのライオン特性は犬とも猫とも違い、言うなれば「積極性」を持っています。積極性は「攻撃性」とも言い換えられ、何かに突っ込んでいくようなパワーが求められる場面でこそ力を発揮します。

例えば、自分で事業を起こす経営者や起業人にとっては、「誰が何と言おうとやってやる！」精神がなければ成功しないでしょう。

しかし、このライオン特性が強すぎると、どうしても他人をやっつけてしまう、必要以上におせっかいを焼きすぎてしまう、良かれと思ってしたことが、相手にとってはすごくプレッシャーになってしまう、そんな側面も持っています。

犬・猫・ライオン、それぞれを持っている大きさにより特性の強弱はありますが、本書の**特性診断ではまず「ライオン特性を持っているかどうか」これが大切なポイント**となります。

「パーソナリティ特性診断」誕生秘話

「パーソナリティ特性診断」を受けた方から「ここまで自分のことを言い当てられたのは初めて」「自分のことも相手のことも理解できた」と、とても嬉しいお言葉をいただいているのですが、実はこれまでに二度、鑑定を辞めようと思ったことがありました。しかし、その度に見えない力が働き、鑑定の道へと引き戻されていきました。「鑑定士という職業は、私の天命なのだ」そう思い定めてからは特性診断の精度も向上したように感じています。

では、この特性診断がどのように生まれたのか。その背景を少しお話させてください。

両親の離婚、暴力、貧乏……記憶のない里子時代

私は1972年、九州地方で次男坊として生まれました。おそらく、私が生まれる前後から両親は不仲だったのでしょう。私が3歳のときに離婚。父に引き取られるも、男一人で二人の子どもを育てるのは難しかったのか、5歳の時私は**里子**に出されました。実は、

生まれてから14歳までの記憶がほとんどありません。大人になって聞いた話では、里子期間はとにかく泣き続け、手のつけられない状態だったようです。

その後、再婚した母に引き取られるも、母の目の届かないところで義父から**殴る蹴るの暴力**をうけました。そして、13才の頃には義父が詐欺や横領事件をおこし、家には昼夜問わず借金取りが押しかけてくる。このような日々を過ごしていたようです。

その後、母は私と妹を連れて夜逃げをし、離婚しました。

このような状態でまともに勉強できるはずもなく、痩せ細った私は心も閉ざしてしまいます。記憶がはっきりとしているのはこれ以降からです。女手一つで二人の子どもを育てていたため、困窮した生活ではありましたが、「高校には行ってほしい」という母の後押しもあり、なんとか受験をクリア。家から自転車で30分の距離にある、一番近い高校に通うことができました。最初の頃は学生服も買えない状態でしたが、アルバイトをしてお金を貯めるなどして、つかの間の「安心した生活」を謳歌することができたのです。

地獄に突き落とされた就職先

高校3年生になり「進学せずに働こう」と決めていた私に、母がとある服飾系企業の営業職をすすめてくれました。「お宅の息子さんがどうしても欲しい」と社長さんがおっしゃってくれている、というのです。私は期待に胸を膨らませました。高校に進学して自分の世界が広がったように、社会人になってからもきっといい未来が待っている。そう思っていたのです。

ところが、現実はそう簡単にはいきません。学校の許可のもと、高校3年生3学期から高校にはいかずに就職した私を待ち受けていたのは、男性社長からの**性被害**でした。忘れもしない、入社1週間目の出張に同行した夜のこと。私は社長にレイプされたのです。その後、まともな精神状態でいられるわけもありません。にもかかわらず、社長は私の首を絞めながら、「話したら殺すからな」と脅しました。「一刻も早くここから逃げなくては」と、鍵をかけた部屋に1週間閉じこもり、どうにか母親に連絡を取って迎えに来てもらい、ようやくその環境から逃げ出すことができました。

母親からすれば、どうしてこうなったのか、ただただ驚くばかりだったと思います。私の中からは急激に、自分の世界が失われていくような感覚でした。更には「社会に出ることが怖い」「男性が怖い」「人が怖い」という恐怖から、家から出られなくなってしまったのです。それでも母は私を見放さず、服飾の専門学校に社長からの慰謝料で入学させ、卒業後は経営していたブティックで働きなさいと言ってくれました。救いだったのは、専門学校が女性ばかりで男性との関わりがほとんどなかったことと、母が陰からサポートしてくれたこと。それでも、20代は常に憂鬱な気持ちが消えず、お酒に逃げていました。「死にたい気持ちはあるけれど、死ぬ勇気もないから生きている」そんな状況だったのです。

心理学との出会いが特性診断誕生のきっかけ

そんな状態から脱したのが28歳のときです。母のビジネスコミュニティの中で心理学の先生と出会いました。それまで、自分の過去と向き合ってこなかった私は、初めて他人に心の中に秘めていたコンプレックスやつらい体験を吐き出すことができました。そこから2年間、その先生のもとで自己開示やコーチングの方法を学ぶことができたのです。

この出会いが後の鑑定士人生の基礎となりました。そして31歳の時、私はお店を構え、得意としていた革製品の制作と共に、来店されるお客様の悩みを聞くところから鑑定をスタート。おかげさまで全国に口コミが広がり、20年間で鑑定人数は4万人に達しました。

そこで改めて気づいたのです。「人が悩むポイントと性格には類似性がある」「悩みのほとんどが人間関係によるもので、相手の心理が分かれば悩みの半分以上は解決できる」ことに。そうして、人の性質・悩むポイント・解決策を独自の方法で整理し、再分析して導き出したのが「特性診断」です。この診断には、「人はライオン・猫・犬の3つの特性を少なからず持っている」ことと、「特性は変えられる部分と変えられない部分がある」という大前提があります。過去の私は人見知りが強く、まともに人と話せない状態でしたが、自ら編み出した方法で自分の特性を知ってからは、過去のトラウマを除去し、特性からくる苦手な部分までも克服、前向きな自分になることができました。

相談者さんの話を聞くたび、つくづくみなさん真面目で、何とかして状況を打破したい方たちばかりだと感じます。私も、若い頃は人間関係に苦しんでいました。20代～30代の頃は「ああしんどい、もう誰とも話したくない」「自分のことを誰も理解してくれない」と毎日鬱々としていました。でも、幸いなことに私はお客様の診断を通して、自分自身の「魅力」や「課題」を再発見し、更に成長することができたのです。今では疲弊することのない、良好な人間関係に恵まれています。

「**自分を正しく知れば、人は変われる**」

このことを、私が一番知っています。だからこそ皆さまにも「本当の自分」を知っていただきたい。この本がその一助になれば幸いです。

2章

今日、あなたの人生が変わる

パーソナリティ特性診断テスト

特性の調べ方

自分のタイプを知る

❶32～34ページの文章を読み、あなたの考え方や行動に当てはまる、もしくは近いと思う項目にチェックしてください。「全てにチェックがつく」反対に「全くチェックがつかない」という方もいますが、どちらも間違いではありません。あまり深く考えすぎず、フィーリングでお答えください。
もし、自分ではどうしても回答できない項目がある場合は、信頼のおける方に「自分はどっちだと思う?」と聞いてみるのもよいでしょう。

❷各テストでチェックした項目数を、ページ内の「当てはまった数」に書き込みます。

❸35ページで、ボックスに記載した合計数を、◎・○・△・×に変換します。

❹36・37ページの「タイプ早見表」で、ご自身の◎・○・△・×の組み合わせと合致する組み合わせを探します。64パターンの組み合わせと、各パターンに応じた動物が記載されています。

ここで、「リスorうさぎ」と判定された方は、38ページのリス・うさぎ診断テストを受け、ご自身のタイプを確定させてください。

他人のタイプを知りたい

・自分のタイプを知るときと同様に、特性診断を受けてもらうのがベストです。
・診断テストを受けてもらうのが難しい場合は、判定したい人の言動や行動などを思い浮かべ、自分の印象に近いものにチェックを入れます。その後は「タイプ判定について」と同じ手順でその人のタイプを導き出しましょう。

ライオン特性診断テスト

- □ せっかち　と言われる
- □ 落ち着きがない　と言われる
- □ 他人が思ったように動かないとイライラする
- □ 思いついたことは、すぐに実行したい
- □ 声が大きい
- □ たくさん食べる
- □ お肉(牛肉や豚肉)が大好き
- □ 自分がナンバーワン(リーダー)でいたい
- □ 負けず嫌いがでる
- □ ムキになりやすい
- □ プライドが高いと言われる
- □ 他人と同じは嫌だ
- □ 生きる上で元気さや熱血は必要
- □ 正直、性欲は強い方
- □ 格闘技やスポーツの観戦が好きだ
- □ 早口で話す
- □ 怒りは自分のパワーになる
- □ 身体のどこかを動かしていると落ち着く(貧乏ゆすりや鉛筆回しなど)

当てはまった数
個

猫特性診断テスト

- □ 新商品・新発売などに弱い
- □ うっかりミスやおっちょこちょいが多い
- □ 忘れ物や無くし物が多い
- □ 時間にルーズになりがち（ギリギリ行動）
- □ 恋人にするなら真面目なタイプが良い
- □ 気分にムラがある
- □ 人と話すのが好き
- □ 計算が苦手で金銭感覚がどんぶり勘定
- □ 片付けが苦手
- □ 無計画なのに行動してしまう
- □ テーマパークやイベントに行くのが好き
- □ ファッションは流行を取り入れたい
- □ 食に貪欲！ いろいろな物を食べたい
- □ 地図を読む、電車を乗り換える、が苦手
- □ 飽きっぽく1つの事を最後までできない
- □ カタカナや横文字を読み間違えてしまう
- □ 毎日笑顔で「HAPPY &LUCKY」でいたい
- □ 心に思ったことはつい口に出してしまう

当てはまった数　　個

犬特性診断テスト

- □ 周囲の変化にすぐ気付く
- □ 食事に偏りが出やすく毎日同じでも平気
- □ 約束や時間はしっかり守る
- □ ルーティン作業が得意
- □ 口は固く、墓まで持っていく友人の内緒話がある
- □ きっちり・しっかり・かっちりしている方だ
- □ お金を使うなら、食べ物よりも形の残るモノを買う
- □ 感情のままに動くよりも、よく考えてから行動する
- □ 洋服は同じメーカーや素材にこだわり、愛用し続ける
- □ 理由や理屈に納得できないと動けない
- □ ルーズな人が苦手
- □ 車の助手席で寝られない
- □ 始めた事は最後までやる
- □ 洋服の色はシック、モノトーンが多い
- □ 1人の時間が好き
- □ 上下関係を大切にする
- □ 大人数だと疲れてしまう
- □ 人やモノよりペットを大切にしがち

当てはまった数　　個

採点・変換

各テストのチェック合計数を、次の4段階に変換します。

18個〜15個＝◎（強〜極で特性がはっきり見える程度）
14個〜10個＝○（中高程度で少し特性が見える程度）
9個〜5個＝△（普通レベルで特性が目立たない程度）
4個〜0個＝×（ほぼ無い、もしくは感じられない程度）

変換後

ライオン診断

猫診断

犬診断

◎、○、△、×は、あなたが持っている各特性の大きさです。この組み合わせによってあなたのタイプがわかります。次のページで確認しましょう！

タイプ早見表

ライオン	猫	犬	タイプ判定
◎	◎	◎	キングコング
◎	◎	○	キングコング
◎	◎	△	猿
◎	◎	×	猿
◎	○	◎	キングコング
◎	○	○	キングコング
◎	○	△	キングコング
◎	○	×	猿
◎	△	◎	ゴリラ
◎	△	○	ゴリラ
◎	△	△	ライオン
◎	△	×	ライオン
◎	×	◎	ゴリラ
◎	×	○	ゴリラ
◎	×	△	ライオン
◎	×	×	ライオン
○	◎	◎	キングコング
○	◎	○	キングコング
○	◎	△	猿
○	◎	×	猿
○	○	◎	キングコング
○	○	○	キングコング
○	○	△	猿
○	○	×	猿
○	△	◎	ゴリラ
○	△	○	ゴリラ
○	△	△	ライオン
○	△	×	ライオン
○	×	◎	ゴリラ
○	×	○	ゴリラ
○	×	△	ライオン
○	×	×	ライオン

ライオン	猫	犬	タイプ判定
△	◎	◎	リスorうさぎ⇒38ページの追加テストへ
△	◎	○	リス
△	◎	△	リス
△	◎	×	猫
△	○	◎	うさぎ
△	○	○	リスorうさぎ⇒38ページの追加テストへ
△	○	△	リス
△	○	×	猫
△	△	◎	うさぎ
△	△	○	うさぎ
△	△	△	パンダ
△	△	×	パンダ
△	×	◎	犬
△	×	○	犬
△	×	△	パンダ
△	×	×	パンダ
×	◎	◎	リスorうさぎ⇒38ページの追加テストへ
×	◎	○	リス
×	◎	△	リス
×	◎	×	猫
×	○	◎	うさぎ
×	○	○	リスorうさぎ⇒38ページの追加テストへ
×	○	△	リス
×	○	×	猫
×	△	◎	うさぎ
×	△	○	うさぎ
×	△	△	パンダ
×	△	×	パンダ
×	×	◎	犬
×	×	○	犬
×	×	△	パンダ
×	×	×	パンダ

リス・うさぎ診断テスト

1〜7までの質問のうち、該当する設問にチェックをつけてください。

※「特性組み合わせ表」で案内を受けた方のみお答えください。

リス				うさぎ
賑やかな場所が好き	□	1	□	静かな場所が好き
誰といてもノリがいい	□	2	□	心を許していない人の前で笑えない
とりあえずやってみよう！	□	3	□	よく考えてからやってみよう……
自分はよくやっていると思う	□	4	□	自分はダメな人間だと思う
注目されないのは寂しい	□	5	□	注目されるのは苦手
いろいろなことに興味を持つ	□	6	□	自分の世界観だけを大事にしたい
変化や刺激のある人生がいい	□	7	□	安定・安全に過ごせる人生がいい

判定結果と補足説明

チェック数の多い方があなたのタイプです。

リスとうさぎは猫特性＋犬特性が組み合わさったタイプです。持っている特性は同じですが、「猫特性の方が大きい」のがリス、「犬特性の方が大きい」のがうさぎとなり、一部共通点もありますが、正反対の部分もあります。難しいのが、「その日の気分によってリスタイプとうさぎタイプを行き交う人もいる」ということ。上記診断でチェック数が１，２程度しか変わらない方は両方のタイプが日々変化している可能性があります。両方の解説ページをご覧ください。

診断結果の受け止め方

①「単一型」と「複合型」について

診断表で出た◎○△×は、あなたが持つ「ライオン特性」「猫特性」「犬特性」これら3つの特性の大きさを示しています。特性診断では、1つの特性だけを持っている「単一型」が3タイプ、2つ以上の特性が組み合わさった「複合型」6タイプ、計9タイプに人を分類していきます。

●単一タイプ：ライオン・猫・犬

●複合タイプ：ゴリラ（ライオン＋犬）・猿（ライオン＋猫）・ウサギ/リス（猫＋犬）・パンダ（ライオン＋猫＋犬が平均低〜中）・キングコング（ライオン＋猫＋犬が高）

あくまで私独自の考察ですが、人の特性というのは、両親の特性を受け継いでいるのではないかと考えています。例えば、「母親一人で育てているのに、子どもが全然自分と似ない」という場合は旦那の特性が、「兄弟で性格が真逆」という場合は父親の特性と母親の特性が兄弟別々に受け継がれているためです。

この考察をベースに考えると、犬単一の父親と猫単一の母親の間に生まれる子どもがライオン特性を持っていることはありません。犬か猫の「単一型」か、犬と猫が組み合わさったウサギかリスの「複合型」である可能性が高いでしょう。反対に、両親共にライオン単一型の場合、子どもはライオン特性のみが強い「単一型」が生まれてくることになります。複合型の方は、自分に当てはまるライオン・猫・犬特性も読んでみると、より診断精度が高まります。

②結果がしっくりこない場合

「出た結果がしっくりこない」そんな場合は、次の可能性が考えられます。

ライオン特性の激しさや荒々しさは、年齢を重ねるにつれて低下する場合があります。10代、20代の頃を思い出しながら再テストをしてみましょう。今はライオン特性が少なくても、昔は高かったかもしれません。過去と現在の自分の特性を比べてみてください。キングコング・うさぎ・リスは気分の浮き沈みが激しく、その時々で表出する特性が異なるという特性を持っています。「元気な時の自分」と「落ち込んだ時の自分」を意識して読んでみると、腑に落ちることがあります。

自分の特性のほかに、後天的にネガティブさが付与されたタイプが「うさぎ」です。5章の210ページを読み、該当するポイントがないかチェックしてみてください。

③相性表について

4章では、タイプごとに「相性表」を掲載しています。これを見て、「あの人と私は相性が悪いのか……」と、がっかりする必要はありません。

これは「仲良くなれない」という意味ではなく、「付き合い方に注意が必要なタイプ」を意味します。たとえ相性が×であったとしても「×だからこういう部分に注意して付き合ってみよう」とプラスに捉えてみてください。反対に◎だとしても、相手が自分の全てを許容してくれるわけではありません。そのことを肝に銘じておきましょう。

また、相手が何タイプか検討もつかない人は、そもそも十分な人間関係が築けていない可能性があります。深く知らないままに勝手なイメージだけでタイプ判定をして、「この人はこういう特性を持った人だから、こう接しておけばいいんだ！」と、決めつけるようなことはやめましょう。まずはお互いを知るためにも、信頼関係を育む時間を持つことから始めてみてください。

④強みも弱みも表裏一体

診断結果には、「物事のとらえ方を直してほしい」ということや「自己肯定感を上げましょう」といった厳しいことも書いてあります。

このような本を書いておいて矛盾しているようですが、それらすべての言葉を鵜呑みにして、「ああ、わたしってこんなダメな人間なんだ」と自分を否定する必要はまったくありません。どんな性格でも、強み・弱みは表裏一体なものです。書こうと思えば強みを弱みとして書くこともできますし、その逆も然りです。とくに傷付きやすいうさぎの人は要注意。弱みばかりにフォーカスして、ネガティブにならないようにしましょう。

3章

本当の自分が解き放たれる
9タイプ別診断結果

Type1

ライオン

特性

行動力とリーダー性で人を引っ張る、心優しきアニキ・アネゴ肌タイプ

実はライオン特性は、私の統計学上、「単体型」では日本人に存在しません。日本近郊国では韓国由来の特性であると推測しています。そのうえでライオン特性を見てみると、子どもの頃から元気いっぱいで、「この子の体力、いったいどうなってるの!?」と親が驚くほどのエネルギッシュさとバイタリティがあります。なので、小さい頃からサッカーやマラソンなどとにかく体を動かし続けるような習い事をしておくとよいですね。体を動かす分よく食べ、よく話す、動物としてたいへん健康的な肉体を持っており、大食漢でもあります。辛いもの、油物、中でもお肉（牛肉や豚肉）が大好きで、お腹いっぱい食べたいのです。

そんな感じなので体力があり、性欲が強く、性格も明るく活発な人がほとんど。例えるなら「夏の少年」という感じでしょうか。ただ、年を重ねてくると「秋の少年」くらいに落ち着きます。一緒にいると楽しく愉快なので、多くの人が集まってくることでしょう。

頭で考えるよりもすぐ行動！　なのは、ライオン特性を持つタイプ（ライオン、ゴリラ、猿、キングコング）が該当しますが、ライオンの場合はゴリラのように、マウントをとることはありません。ただただ純粋に活発で、行動力のみがある。いわば「本能」が強いんです。だから性格に裏表もありません。やりたいことはやりたい、嫌なことはやらない、超シンプルな性格をしています。なので「食べる・寝る・遊ぶ」の本能に近い部分や、自分の行動欲や正義感が満たされない状態になると、急に怒りはじめます。相手に意見を言ったり、怒鳴ったりするのも意に介しません。「怒り」のスイッチが入ったときは要注意。ただ、ネチネチはしておらず、怒って解決したらさっぱり水に流します。「本能に忠実に生きる」それがライオンです。

主な特性

#喜怒哀楽の怒が強い　#色＝黒か赤・ビビット系　#肉・スパイス系・大食い　#陽の下で運動・体力豊か　#負けず嫌い　#せっかち・迅速　#持続力　#落ち着きがない　#積極性　#攻撃性　#貧乏ゆすり　#ペン回し

プラス面

丈夫で体力がある！何をやらせてもパワーで押し切る力強さ

好き・得意

専門的な能力やスキルが少し足りなくても、持ち前のバイタリティでそれらをカバーできる、押しの強さを持っています。例えば、「この営業ノルマ達成しろ」といわれて、その締め切りが期限ギリギリだったとしても「わかりました！」といって朝から晩までアポ入れ。睡眠時間を削ってでもその目標をこなそうとします。他のタイプからみたら「信じられない行動力！」と思われますが、ライオンはこういった一連の行動が好きですし、苦になりにくいのです。頭よりむしろ体を動かしている方が楽しいタイプです。

強み

何をするにもスピード感があります。「これをやっておいて」と言われたら家事でも仕事

でも、たちどころに片づけてしまいます。パっとすぐに体が動くので処理スピードも早い。そのため、ついつい仕事やお願い事をもらいすぎて、自分が忙しくなってしまうのですが、ライオンにとっては「マルチタスク進行中」がわりとデフォルトなので、メンタルを崩すこともありません。それが「いつも通り」です。病気になることもあまりなく、なっても気合で治す！　の精神力でどうにかしようとするため、病院嫌いのライオンも多いです。

プラス面を磨くヒント

とにかく屋内にいる時間を少なくし、なるべく屋外など太陽の当たるところで活動できるような生活スタイルを築くといいでしょう。例えば仕事なら営業回りや、毎週出張が続くような現場回りの仕事、あるいはイベンターやアミューズメントパークのスタッフなど、体力勝負の仕事につくと、能力を発揮できます。仕事のことばかり話していますが、ライオンは全力投球できる「仕事」がマストです。そうでないと「たちまち何をしていいかわからない！」ということに陥りがち。仕事でなくてもいいのですが「自分はここで力を発揮するんだ」といいエネルギッシュな居場所を確保して過ごすようにしましょう。

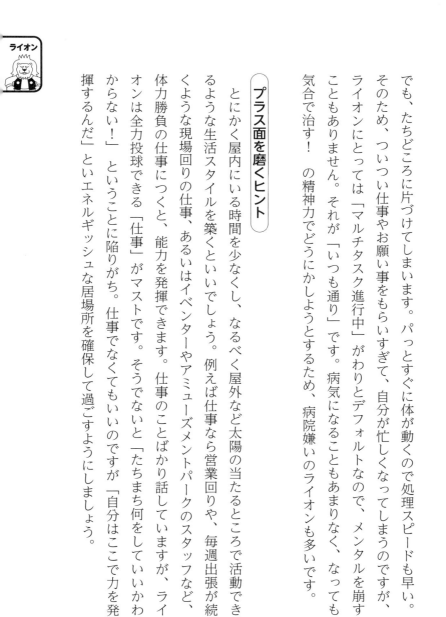

マイナス面

勝負事には負けたくない！「待つことができない」せっかちさん

キライ・苦手

何でもスピーディーにこなします。早口なので全体的に人の1.2～2倍のスピードで生きているような感覚があります。そのせいか、時間にルーズだったり、物事をじっくり進めたりする人は苦手です。ライオンにはそういった人がスローモーションに見えるはずですから、「のんびりしすぎでは⁉」と突っ込みたくなってしまいます。「待つ」ということがとことん苦手な「超絶せっかちさん」なのです。だから団体旅行などもまあまあ苦手で、少人数での行動になりがち。自分だけ飛び出していきたくなっちゃいます。

弱み

負けず嫌いが強く、勝負ごとに負けそうになるとイライラして攻撃性が上がるという特

性を持っています。アンガーコントロールが苦手なので、怒りの感情が爆発してしまうこともあるでしょう。

また、静かなところや動いてはいけない状況でじっとしていられず、手遊びや貧乏ゆすりをしてしまいます。衝動性が強く「思いついたことは今すぐしたい！」ために、後先考えないで行動に移してしまうことも。せっかちでもあるので、他人のペースに合わせることができず、気が付くと一人になっていることがあります。

マイナス面と付き合うヒント

ライオンによくお話しする事が2つあります。1つは「自分の行動力や体力の高さを当たり前と思わない」こと。とくに、犬・うさぎは石橋を叩いたのに渡らないということもあるくらい慎重なタイプです。「そういう人もいる」と理解し必要なときは待ってあげましょう。そしてもう1つは「相手を打ち負かすまで追い込まない」ことです。勝負の結果が人生の勝ち負けではありません。

ライオンが人間関係を円滑にするためには、いかにアンガーコントロールを行い、心のゆとりと柔軟性を身につけ相手を許す心を持つか。それがとても重要となります。

思考・行動

人を巻き込んで楽しませる、仲間を重んじる熱さがステキ

ライオンは情熱的で、何に対しても全力でチャレンジしていきます。ボス思考が強く、いつの間にかグループのリーダー格になっていることが多いですし、とても面倒見が良いことが特徴です。また、多人数と関わることに抵抗が少なく、社交性も持っているため信頼関係が生まれれば「泊まりにおいで」「何か困った事があったら遠慮なくいってね」と、家族のような付き合いをしてくれます。

ライオンはノリもよく、音楽が流れていると踊り出すようなひょうきんな一面もあります。ただし競争となると急に負けず嫌いの面が現れムキになりますが、競争が終わればノーサイド。またいつものように仲良くできてしまいます。

感情面は「興奮」と「冷静」が入れ替わりやすく、「興奮」は大きな仕事や絶対に成功させたいことがある時にエネルギーとなります。しかし、目標や関心ごとがなくなると急に冷めた感じ（冷静）になり、無気力になってしまいます。

仕事

活動大好き！　デスクワークが一番辛い

仕事を任せれば人一倍頑張れるライオン。ただし、デスクワークや工場勤務などには向いていません。黙々と一人で作業を行うよりも、コミュニケーションをとり、かつ体力を使う仕事が良いでしょう。朝早くから起き汗をかく、トラックの運転手などの配送系の仕事、またタクシードライバーなども向いています。

食べることも大好きなので、料理人や、飲食店のホールなど、ずっと立ったり動いたりする仕事もいいですね。

とくに体力に自信があるぜ！　って人は自衛隊やサッカーの審判など、スタミナも緊張感もあるような仕事でも活躍することができます。

何事にも飛び込むチャレンジング精神の持ち主なので「失敗」という概念もありません。ぜひ興味のある分野へどんどん進んでみてください！

Case Study

ライオンの特性診断体験談

日本在住12年、韓国出身の40代男性

毎日私を叱っていたという母親の昔話をよく聞かされます。小さい頃から落ち着きがなく、家の中でも走り回っていたようです。小学生になりサッカーを始めてからは、疲れてすぐに寝るようになったおかげで、やっと楽になれたのだとも（笑）。どうやら私の活発さや落ち着きのなさは幼少期からあったようです。大人になった今でも家でじっとしていることが苦手で、休日はどこかに出かけたくてウズウズしてしまいます。社会人になり工場に就職したのですが、単調な仕事が合わず、すぐに辞めてしまいました。その後いくつかの仕事を転々としましたが、全然自分に合いませんでした。

このままじゃダメだと思い、それで日本に来ました。変化がほしかったんですね。今は旅行関係の会社に就職し、外国人観光客の通訳兼ツアーガイドをしています。色々な所に行き、色々なものを食べ、たくさんの人とワクワクを共有できて楽しい毎日です。

今の自分らしさや感情の乱れがなくなるまで多くの苦労をしましたし、その中で学ぶこともたくさんありました。それまでは勝負事になると勝ち負けにこだわってしまい、怒りやせっかちを抑えられずムキになる。そして、友人やチームメイト、同僚と喧嘩してしまうのです。妻からは、この性格さえ無ければよい人なんだけど……と愚痴を言われることもありました。

そんな中、河野先生の特性診断を紹介してもらい、カウンセリングを受けたことが変わるきっかけとなりました。自分がかなり極まったライオン特性持ちであることを知り、その特性を自分で認識してからは、先生が教えてくれたアンガーコントロール法を実践しています。冷静になるまでに6秒では全然足りないので、イラッとした時は『その場から離れて30秒以上待つ、落ち着いてから相手と話す』、そして何か衝動的に動きたくなっても、心で『待て！』を唱えるのです。最初は難しかったのですが、パートナーや周囲の協力もあって、少しずつ自分をコントロールできるようになったと思います。ただ、歩くスピードだけはなかなか遅くならず……これだけは、治るまでにもう少し時間がかかりそうです（笑）

Type2 猫

特性

HAPPY&LUCKY&LOVE！なんとかなるさの楽天家

猫のみなさんは、天真爛漫で根っからの楽天家です。嫌なことがあっても「まあいっか」と割り切ることのできるポジティブさを持っています。

自然もスピリチュアルも新商品も話題のスポットも大好きで、「ワクワクドキドキできることを体感したい！」「楽しみたい！」「楽しかったことはみんなに教えたい！」とＳＮＳで情報を広げていくことを得意としています。賑やかで音楽が流れているような場所や、キラキラした空間も大好きです。

いかに人生を「ＨＡＰＰＹ＆ＬＵＣＫＹ＆ＬＯＶＥ！」に過ごせるか。そこに命をかけていると言っても大げさではありません。そして、これは同じ猫特性を強く持つ猿やリスも同様です。コミュニケーション能力が高く、はじめて会った人ともすぐに仲良くなれる才能を持っています。人との関わりがあり、喜怒哀楽を発揮できる環境では無敵の存在と言ってもよいでしょう。

性格は天然で、言い間違いや勘違いをよくしますが、本人は真剣そのもの。頭の中が散らかりやすく、一つのことに集中できないために飽きっぽいです。

また、お金を大切と思う反面、お金の管理が苦手なため生活がギリギリになる人も。子どものような性格で、甘えん坊の一面もあります。寂しい状況が苦手で、恋愛体質の方が多いです。素敵なパートナーがいないと、どこかに素敵な相手はいないだろうか？　と探して、時には寂しさのあまりワンナイトラブ……。一人がどうしても苦手なため、相手が見つからない場合はペットに癒しを求めることもあります。パートナーがいたとしても、子どもに依存しやすいという特徴もあります。

主な特性

#喜怒哀楽の喜楽が強い #色=明色・キラキラ・ポップカラー #洋食・パン・お菓子 #変化に富む食事 #好奇心・童心 #天然 #笑顔・親近感 #怖がり・寂しがり #あわてんぼう #三日坊主 #計算・地図苦手

プラス面

人を惹きつける笑顔と自由な発想力が魅力

好き・得意

猫はとにかく「食べる・寝る・遊ぶ」が必須。ジャンクフードやお菓子、生クリーム、パンが大好き。これらを食べないと、メンタルが落ちてしまうくらい好物です。そして、「好奇心・童心」も高く、楽しそうなことを見つけてくる達人でもあります。常に流行の最先端をいくタイプです。

人が好きで、誰とでもすぐに仲良くなります。笑顔を絶やさずいつもニコニコ。感じたことを素直に伝えることがとても得意なので、無邪気さと裏表のない性格も相まって、みんなから愛される存在となります。そして、子どもっぽい陽気な性格は大人になっても変わらず、ずっと続きます。

強み

嫌なことがあっても、一晩寝ると前日に起きた嫌なことはある程度リセットされ、翌日には「今日は何か楽しい事あるかな？」とポジティブ思考に切り替える力があります。この特性を最大に活かせる職業が接客です。お客さまから嫌な言葉を言われても引きずらず、前向きな思考に切り替えることのできる力があります。

甘いものや美味しいものを食べればさらに気分が上がり、ストレスが吹き飛ぶ。これはもう強みを超えて才能です！

プラス面を磨くヒント

仕事でもプライベートでも、人と関わり喜怒哀楽を共有することを得意としている猫。人との関わりが不足すると、寂しさや物足りなさを感じてメンタルが不安定になってしまいます。そうならないためにも、人と関わる仕事や行動を率先していきましょう。猫のユーモアさや笑顔は、その場の空気をとても明るくする力を持っています。

そして，愛情深い性格で、動物も人も、とても大切できる力は天性のもの。その愛の力を自分の長所として存分に活かしていきましょう！

マイナス面

時間と数字がとことん苦手！

キライ・苦手

猫特性を持つタイプは、数字や機械操作、カタカナの読み間違いが多いです。猫はその本家本元ですから、全タイプの中でナンバーワンの苦手っぷりです。簡単な事務作業であれば大丈夫かもしれませんが、習得するまでに時間を要する方が多いです。注射やお化け、人によっては飛行機に乗るのもダメ。もちろんライオン特性の大声や威圧、怒っている人も苦手。基本的に怖いと感じること全般が苦手であると考えて良いでしょう。

弱み

頭の中が散らかりやすく、マルチタスクが苦手で物忘れが多いです。携帯や財布、時には旅行バッグまで忘れてしまいます。掃除をしていても、目に付いたことに着手してしまうため、全てが中途半端になりがちです。頭では理解しているはずですが、時間に関しても、

「気がついたら約束の時間を過ぎていた」というミスを日常的に起こします。

飽きっぽい性格で何においても長続きせず、家には使っていない趣味のアイテムや流行のグッズがたくさん置いてあります。その結果、家の中も散らかった状態に。お金の管理も下手なので、無駄使いせず断捨離をどこまで出来るかが最大のポイントです。

マイナス面と付き合うヒント

猫は文系で、パソコン業務や計算、組み立てなど、手先の器用さを求められる作業が苦手です。これは犬の得意分野。もちろん、チャレンジすることはとても大切ですが、どうか無理だけはしないでください。苦手なことは、得意な人の力を借りて乗り越えていきましょう。難しい本やマニュアル書を読むことも苦手です。正しく理解している人に聞くとよいですね。言葉で説明されると理解できるはずです。

また、お金の管理も苦手です。人が大好きで、すぐに信用して好きになってしまう性格なので、投資話などには気をつけてください。大きなお金が動くときは、犬特性を持つ犬やゴリラにアドバイスをもらいましょう。

思考・行動

話し上手でみんなから愛される天然キャラ

人と関わることが大好きで、いつもニコニコ。「みんなが喜んでくれたら自分も幸せ」と思える優しい心の持ち主です。食事も好きで、色々なモノを食べたがります。お菓子やケーキなどの甘いものや、ジャンクフードをご飯代わりにしてしまうことも。「それ、どんな味？一口ちょうだい！」をするのも猫の特徴の一つです。

スキンシップが得意で、子どもから年配の方まで優しく触れ合える人が多いです。天然キャラで失敗談が多く、コミュニケーションも大好き。思ったことをそのまま言葉にして、周囲を困惑させてしまうこともありますが、裏表がない明るい性格のおかげでほとんどの場合は許してもらえます。朝が苦手で昼間は眠たく、夜になると目が冴える夜行性。その反動で寝坊が多いです。子どもの頃から規則正しい生活習慣を身につけておきましょう。

猫を代表するキャラといえば、ドラえもんでお馴染み、のび太くんです。おっちょこちょいだけど心優しい性格で、なぜか放っておけない存在。それがあなたです。

仕事

人相手の仕事が天職！　職場の癒し担当

人と触れ合い、喜怒哀楽を共感し合う力を猫は持っています。これは、看護師、保育士、介護職、エステなどの福祉系や美容系の仕事で活かすことができるでしょう。変化のあるコトやかわいいものが好きなので、花屋、小物雑貨屋、アパレルなどの販売員や、テーマパークスタッフなどの接客系も向いています。食べることに幸せを感じるので、お菓子屋、居酒屋、定食屋、お弁当屋などの飲食業もよいですね。

単純作業であれば工場勤務もできますが、事務作業やＰＣ業務では苦労している方が多いです。基本的に猫は「皆が幸せになってくれたら自分も幸せ」が強いため、「ありがとう」「嬉しい」「あなたが担当でよかった」など、心の通った会話ができる場所が一番楽しいと感じます。

ぜひ、あなたの素敵な笑顔と楽しい会話を活かせる職場環境で、関係するみなさんに笑顔と幸せを届けてあげてください。

Case Study

猫の特性診断体験談

アパレル従業員の30代女性

私が高校生のときから先生には定期的にお悩み相談をしていて、気がつけば15年以上のお付き合いとなります。

私の特性は猫で、高校卒業後は東京のアパレル会社で販売員をしていました。猫の天職と言われるだけあって、接客業は本当に楽しいです！ 20代も後半となり、地元である福岡に帰ってからも接客販売業をしています。

先生の特性診断は、本当にびっくりするくらい当てはまるから不思議です。福岡に帰省する時には、予約さえとれれば会いに行って、友人との付き合い方や職場での人間関係についてアドバイスをもらっていました。

中でも多かったのが恋愛相談です。

どんなに私が「この人はどうか？」と尋ねても、「この人はあなたと同じ猫だから、友達としては一緒にいて楽しいかもしれない。だけど、恋人となるとルーズさが気になりはじめて、恋人としては続かないよ？」「この人はライオン特性を持っているね。猫は強い性格が苦手だから、合わないと思うな」などと、いつもダメ出されていました。

合わないと言われた方とお付き合いをしたこともありましたが、結局はうまくいかず……。別れる理由は事前に先生から指摘されていた点であることが多く、そのたびに特性診断に対して不思議さと、信頼感を抱くのでした。

付き合っては別れを繰り返していたあるとき、気になる男性が現れました。職業は警察官で、今まで好きになったことがないタイプの人。「今回もダメかな？」と思いつつ、いつも通り先生に相談してみたところ、「この人は犬だけど、リスの明るさを持っている珍しいタイプです。誠実さや計画性も高く、あなたとのバランスは最高ですよ！」と人生で初めて合格点が出ました。

それからというもの、デートするたびに相性のよさに感動……！　先生の話す「特性ごとに相性がある」という言葉は、本当にその通りだと思います。

家族も彼を気に入ってくれ、婚姻届けを出しました。そして、今はお腹の中に赤ちゃんがいます。産まれてくる赤ちゃんがどんな特性を持っているのか、今から本当に楽しみです！

Type3

犬

特性

スキなモノには一直線！ 真面目で繊細な頑張り屋さん

日本人は犬特性を持つ方がもっとも多く、私の4万人の統計のなかでは65％が当てはまります。その特性を煮詰めた犬の一番の特徴は「慎重でこだわりが強い」こと。理性が働く性格で、物事に対しても人に対しても分析的思考をします。冷静で頭も良く、考え続けることが大好き。「これが好き！」という対象はどこまでも深く追求します。調べることも得意なので「なんでそこまで知っているの？」と周りから驚かれるほどの知識を備えてしまいます。いわゆる「追求気質」なんです。

一方、興味のないことは一切目もくれない極端な性質も持っています。食事にもその特徴が強く反映されており、偏食気味かつ毎日同じものを食べても平気だったりします。変化が嫌いなため、毎日同じルーティンを続けることが心の安定に繋がります。

基本的に受け身の性格で、「あれやって」と強く言われると断れません。人に「嫌だ」と言えない、繊細な心の持ち主です。そのため、家族以外で心を開いて付き合える友人もごくわずか。何でも言い合える友人は一人か二人くらいで、そのほかの人には基本、心を閉じています。「それでいいの?」と猫あたりからは思われそうですが、それが犬にとっては心地いいのです。もちろん休みの日もインドアで過ごすのが大好きで、日がな一日自分の部屋で好きな動画や漫画を読んだりゲームをしたり。あるいは、気の置けないオタク仲間とあれこれしゃべるときが楽しかったりしますが、それも頻繁ではなく、人と遊びに出かけるのは1カ月に1回くらいで十分。休みの日は、基本的に一人でいたいタイプの人間なのです。ちなみに、コレクター気質で好きなモノは整理整頓ができますが、興味のないことはどうでもいいとばかりに机のなかはごちゃごちゃだったりします。

主な特性

#喜怒哀楽の哀が強い #色＝黒・白・シック系 #和食系・偏食で少食・ワンパターンの食事 #味覚・嗅覚が強い #肌が弱い #こだわり・オタク #TPO重視 #一人楽 #人見知り #指示待ち #GAME #思考優先

プラス面

コツコツと物事に取り組める優等生

好き・得意

好きな教科は良い点数がとれるのに、興味のない教科では赤点をとる。、運動が苦手な理系・文系。学校の先生からも特段注意されることなく、良い意味でも悪い意味でも目立つことのない「その場の空気を乱さないようにふるまう平和主義者」が犬です。理性的で頭の回転も速いので「これをしてはダメ」ということを瞬時に判断、リスク回避も得意です。絵にかいたような優等生タイプ。「○○ちゃんはしっかりしていい子ねぇ」と言われて育ってきたのではないでしょうか。まさに、和を乱さない、人に迷惑をかけない、教科書通りの行動ができる、それがあなたです。

強み

手先が器用なので、ハンドメイドでモノづくりをしたり、造形物をつくったりすること

が得意です。料理や裁縫といった家事も得意でサクサクとこなします。数字やカタカナ文字にも強く、ＰＣやデータの収集や分析、好きな分野の表現や解説も得意。花開く方面は、幼少期に何をして遊ぶのか、そこでどんなこだわりを持つかによって異なるようです。基本的には決められたルーティン作業をするのが好きな犬タイプが多いことも特徴です。例えば、誰とも話さず黙々と組み立て作業をする場合、誰よりも正確に仕上げることができるでしょう。細かな部分にまで気を配れる几帳面さを持っています。

プラス面を磨くヒント

犬の記憶力や集中力は、他のタイプに比べても突出しています。問題は、興味があることに対してのみ、その特性を活かしていることです。犬の才能を伸ばすには多くのことに関心を持ち、たくさんの知識を取り入れ、得意・知っている分野の幅を広げることが大切です。また、犬には「得意なことは饒舌に話せる」という特性があります。得意分野を広げることで、自然と会話力が高まり、社交性も広がります。複数の趣味を持ったり、周囲の出来事に関心を向けたりして、犬の才能を存分に活かしていただきたいものです。

マイナス面

夜は一人反省会 なかなか見せない本音と感情

キライ・苦手

特に苦手なのが「人とのコミュニケーション」です。人と目を合わせることができず、話の途中でつい目を反らしたくなってしまいます。また、「自分がどう見られているか心配」「他人に迷惑かけたくない」ので普段は無口なのに、自分の得意分野になると急に話が止まらなくなります。また、大きな音や圧が苦手なためゴリラを苦手と思っている人が多いです。普段は大人しい性格ですが、TPOを守らない人が嫌い。その時だけは感情が出て一言注意したくなります。人混みが苦手で人疲れしやすく、たとえ親しい友人であっても一緒にいると疲れてしまいます。

弱み

「嬉しい！　楽しい！　悲しい……」などの喜怒哀楽の感情を、慣れた人や心を許した人以外の前ではなかなか表現できない性格です。人のお願いごとを断れずに引き受けたり、威圧的な人に抵抗できずに言いなりになったりします。自分からは人にお願いすることができず、なかなか意見を言えません。自己表現が苦手なため、結果周囲に流されてしまうという弱みがあります。そうして、ストレスを溜め込んでしまうのです。こだわりが強く慎重なために、周囲からは行動が遅く見えてしまうこともあるようです。

マイナス面と付き合うヒント

人見知りが強く、慣れるまでコミュニケーションをとることが苦手な犬。ついつい自分の世界に引きこもってしまいますが、勇気を出して心を開いてみましょう！

家族や親友の前ではたくさん笑い、ジョークも言える一面を持っている犬ですから、できないはずがありません。大人数の中で人疲れしてしまい、帰宅してまずは横になりたくなる……そんなこともあるでしょうが、それで良いのです。くたびれたら居心地のよいスペース（犬小屋）に帰り、頭も心もリフレッシュ。そうしてまた、外の世界に飛び出していく。これを繰り返しているうちに、気がつけば人見知りが改善されているはずです。

思考・行動

オタクで繊細、そのこだわりが無限ループ

犬タイプはこだわりが強い部分と無関心な部分をあわせ持っています。関心があることはどこまでも調べ尽くして自分の知識にしていく反面、無関心なことには全く感情が動きません。それは食べる物にも影響しています。犬は同じ食べ物を1週間~1カ月と食べ続けることができるのです。例えば、納豆ばかりを食べ続けるとか。それがモノに向くと、オタクと化してコミックや映画グッズを収集するようになります。人とモノとペットへの関心度を比較すると、「人よりモノ」「人よりペット」「モノ＝ペット」となり、人への関心度が一番下になります。そのため、プライベートでは共通の趣味やモノの繋がりがあれば交流できますが、そうでなければ交流範囲が狭まる傾向があります。

そして、静かな自分だけのスペースが必要であるため、家族で過ごす時間を早々に切り上げて自分の部屋に引きこもります。犬特性を持っていない人から見ると意味がわからない行動に見えますが、一人の時間が一番の癒しとなるのが犬なのです。

仕事

勤労勤勉のコツコツ型

ライオン特性の「ナンバーワンになりたい！」という欲が犬タイプには無く、上司や同僚のゴリラ・猿・キングコングからは「貪欲さがない」「やる気が見えない」「指示待ち人間」と思われてしまいます。しかし、その点を除けば几帳面で数字に強く、手先も器用で文句も言わずにコツコツ働く勤労勤勉なタイプ。そして、豊かな技術国日本を作ったのは、こだわりを持って平和的にコツコツ頑張ってきた、たくさんの犬の頑張りがあったからだと思います。繊細な心を守りながら、ぜひその優秀さを発揮してください。

そんな真面目な性格でルールとＴＰＯの遵守を基本としている犬が向いている職業は、公務員・税理士・管理栄養士・料理人・理容師・エンジニア・出版社・プログラマー・鉄道系職員・漫画家・事務・経理・研究者・ＣＡＤなど専門的分野で活躍できる職業です。接客系は慣れるまで時間がかかりますが、仕事となれば人見知りも打ち消して、しっかりと対応していけます。

Case Study

犬の特性診断体験談

営業職の50代男性

私は営業の仕事をしています。河野先生と出会うきっかけは友人からの紹介です。大きな悩みはありませんでしたが、仕事に活かせるヒントがあればと思いカウンセリングを受けることにしました。

カウンセリングの結果、私は犬であると診断を受けます。特徴である「PC作業が得意」「単独行動」「データ遵守」「TPOを守る」「ルーティン」「お酒が入ると陽気」「家族の前は陽気」「時間厳守」「こだわりが強い」「目を合わせることが苦手」「敬語を使う」「同じメーカーの洋服を着る」「人疲れしやすい」といった点は、ズバリ私の性格や行動を言い当てています。

例えば、仕事では人材育成という課題を抱えていますが、私は同僚と一緒に動きたくないタイプ。育成は同僚に任せて、一人で行動をすることが多いのです。これは犬の「単独行動」「人疲れしやすい」という特性が原因なのだと腑に落ちました。また、時間前行動が基本で、大切なお客さまだと約束の1時間前には待ち合わせ場所に到着しています。周囲から「早すぎるのでは？」と言われますが、交通渋滞などのトラブルが嫌なので早めに現地到着し、PC業務をして時間を潰すのが常です。先生が「犬は時間に呪われている」と笑って話していましたが、まさに体現しているなと思います。

このほかにも、お客さまに商品を説明する際に使う資料をPCやタブレットで作る時間が楽しいのですが、紙に手書きでまとめようとすると気分がのらないのです。ツールを使う方が集中できるし楽しく感じる、というのも犬の特徴だと説明を受けて、自分が犬であると心から納得しました。

なかでも一番勉強になったことは、「犬は目標や目的、計画がないと全く動けなくなる」というお話です。これまでの経験からしても、目標が明確に定まっていると全力で取り組むことができました。反対に、予定がないとぼーっとしてしまうのです。その温度差に自分でも「変だな」とは思っていましたが、特性が理由であるとわかってすっきりしました。この学びを仕事に活かして、仕事が入るまで待つ時間を意識的に減らすようにした結果、成績も給料もモチベーションも上向きに。気持ちの置き方って大事ですね！

Type4 ゴリラ

特性

「俺についてこい！」の頼れる親分肌　譲れぬ正義感を持った九州男児

ゴリラはライオンと犬の特性が合わさったタイプで、リーダーシップ（ライオン特性）と真面目さ（犬特性）を持っています。物事に几帳面で完璧主義。常識やマナーを大切にしており、きっちりかっちりしています。エネルギッシュで心身ともにたくましく、ちょっと何か言われたり、ハードなスケジュールくらいでへこたれることはありません。

犬特性の「ひとつのことを継続していける」職人気質を持っており、物事に妥協なく、極めるまで努力と自己研鑽を続けることができます。それが自信となって、「私が一番！」と思っています。とにかく、仕事もプライベートも安心して任せておける、頼れる「ボス」

的な立ち位置が適任なのです。

実際、ゴリラは会社経営者や、会社の中でも役職のつく方がほとんどです。「厳しいけどゴリラの言うことには一理ある」と納得させる力を持っています。また、競争を恐れず立ち向かうことを得意としているので、格闘家やアスリートもゴリラがたくさんいます。ちなみに、大成功するお相撲さんのほとんどがこのゴリラです。まさに技と技とのぶつかり合い。がちんこで勝負を決める。そんな勝負の世界で継続していかんなく力を発揮することができます。

正義感も強くダメなことには「ダメ！」と言える強さを持っているので、警察官や教師といった職業にも多いです。この資本主義という世界で、ゴリラのパワーは絶大といえると思います。最大の注意点が、自分の正義やルールを周りの人たちに押し付ける、周囲に対して無意識に威圧感を感じさせてしまうこと。ライオン特性を持っているので、とくに10代半ば～40代くらいまではその傾向が強く出てしまいます。

主な特性

#喜怒哀楽の怒哀が強い #色＝黒・金・高級志向オラオラ系 #肉・和食系・大食い #ワンパターンの食事 #アウトドア #積極性・勇気 #統率力 #TPO重視 #親分肌 #負けん気 #モラル・プライド #活動力

プラス面

きっちりカッチリ物事を進める生真面目さん 面倒見のよさもピカイチ

好き・得意

長所はなんといってもメンタルもフィジカルも強いところ。少々のことではへこたれません。経営者であっても会社員であっても、アスリートであっても成功をおさめやすいタイプと言えるでしょう。真面目で、TPOに合わせた行動がとれるので、ビジネス上での振る舞いもしっかりこなせます。理路整然としていて論理的、堂々としていて自信もあるので「ついていきたい」と思わせる「ボス気質」です。自分を慕ってくれる人は可愛くてしょうがないため寄ってくる人にはとことん尽くす、情に厚い性格でもあります。しかも物事を説明するのも好きで教え上手なので、後輩や困っている人がいたらすぐ自分が飛んで行ってヘルプに入る。そんな頼りになる存在です。正義感も強いため、ルールや常識を守らない相手には正面から立ち向かう勇気や強さも兼ね備えています。

強み

犬特性を持っているので、興味のあることはずっと続けられる忍耐力を持っています。覚えも早く、スキルも経験も身につきやすい。趣味でも仕事でも、「この分野をやらせれば右に出るものはいない」という才能を開花させることができます。また、きっちりした性格なのでお金の管理も上手。その額が大きくなっても、几帳面さは変わりません。「あの社長カタブツよね」と言われるくらい、きっちりかっちりしっかりしています。

プラス面を磨くヒント

チームをまとめ上げ引っ張っていくのが上手なゴリラですが、その統率力は「2～4人」ほどの少人数にこそ力を発揮します。目が届く範囲で、ひとりひとり面倒を見る。それがゴリラにとってもやりがいと幸せを運んでくれるでしょう。向上心が高いので、興味のあることは進んで勉強したり、知識を得ていくと更に世界が広がっていくはず。ぜひそうした時間も大事にしてみてください。

マイナス面

プライドが高く、他を寄せ付けない正論主義者

キライ・苦手

真面目で物事にきっちり取り組むのが得意な分、同じようにできない人が苦手で嫌いになってしまう傾向を持っています。「不真面目でルーズな人」を見ると一言物申さないと気が済まないところがあり、行き過ぎるとパワハラ・モラハラになってしまう場合も……。

基本的にワントップのボス的存在でこそ本領を発揮するので、仲の良い温かい家庭をつくるのが苦手な人も多いです。夫の場合は子どもを厳しくしつけて繊細さやトラウマを植え付けやすく、妻の場合は教育しつけママとなり、かかあ天下を築く傾向にあります。

弱み

ゴリラは基本的に「自分がトップに立ちたい」という考えを強く持っており、チームプレイが苦手です。そのため、同じライオン特性を持つタイプとマウントの取りあいをする

可能性があります。また、弱みや欠点を見られることを嫌がり、見栄を張ります。プライドが高いために謝罪も苦手で、その結果、孤立するゴリラが数多くいます。また、良いところを見せようとして部下や友人に奢る（妻からみたら散財）ことも多いようです。

マイナス面と付き合うヒント

公明正大、正義感あふれた生き方を地でいく、どの時代にもなくてはならない存在です。しかし、「自分の正義感を押し付ける」「知らないうちに威圧する」という部分を持ち合わせています。「確かにあの人の言っていることは正しいけど、ついていけない」「言い方がキツイ」と周囲の人たちから思われて、気が付けば誰もいない……なんてことも。

「実るほど頭を垂れる稲穂かな」ではありませんが「自分がうまくいってるのは、家族や仲間たちのおかげなんだ」という周りへの配慮と感謝の心を持っておくといいでしょう。

実際、プライドを捨てて「恐いボスゴリラ」から「優しいゴリラ」になれば、人間関係はもっともっと好転し、「やっぱりあのゴリラさんは違うね」と一目置かれる存在になるはずです。

思考・行動

闘争心で己を高める、ムキになりやすい激情型

プライドが高いゴリラ。それは、自分に絶対の自信があり、他人に負けたくない、弱いところを見せたくないという圧倒的な競争意識を持っているからこそ。格闘家に代表されるアスリートにゴリラが多いのも、「他人に負けたくない」と必死に己を磨くストイックさがあるからです。アスリートであればこの性格はプラスに働きますが、社会生活ではマイナスに働くことが多いので気をつけて下さい。自分の思うように人が動かないとイライラして、つい声が大きくなるのも特徴です。

ですが、ゴリラ全てが「俺ルール」を適用してくるのかといえば、そんなことはありません。「自分の領域外」は好きにすればよい。他人は他人、自分は自分、とわきまえている部分もあります。ただ、自分のテリトリーが侵されたら戦闘モード突入です。ゴリラは日ごろから「自分は怒りやすい性格なんだな」と自覚して、アンガーマネジメントを学ぶとよいでしょう。感情をコントロールできると、もっと人付き合いが良くなるはずです。

仕事

仕事も人のためになることも大好き！　情に厚く職人気質

これまでいろんな方と会ってきましたが、ゴリラは仕事に打ち込んでいるときが一番輝いていると言っても過言ではありません。

パワフルでメンタルも一定に保てるので、肉体労働をメインとする土木・建設業や消防士や溶接工、大工などの職人系の仕事にも向いています。また、人を教育する教師やセミナー講師、さらにはときに厳しい対応を迫られる士業関係も向いているでしょう。

もちろん、企業戦士となって管理職や幹部に上り詰めることも、あるいは自分が創業者となって経営者になることもできます。「ゴリラってなんでもできそうじゃん！」という声が飛んできそうですが、まさにそうなのです。

ゴリラは責任感のある専門職系の仕事に関してはオールマイティーにこなしていける素質を持っています。

Case Study

ゴリラの特性診断体験談

経営者の40代女性

会社を経営しています。一緒に経営しているのは、あまりの奔放さについていけず、価値観の違いから離婚をした元夫です。

会社や社員を守るためにも私が頑張らないといけないのですが、以前まで夫婦だったのにも関わらず、社長である元夫の性格が全く理解できません。どのようなスタンスでサポートすればよいのやら……と途方に暮れていたときに、先生の噂を聞きつけカウンセリングを受けることにしました。

私の特性診断結果は「元ゴリラ、現在犬」でした。昔はライオン特性と犬特性を持っていましたが、年齢やさまざまな経験を経てライオン特性が下がり、今は犬の方が多く残っているそうです。

そして、元夫は「猿」でした。猿の特徴の中でも、「自由気まま」「アイデア豊富」「お金に執着するが使い方が雑」「言うことがコロコロ変わる」「寂しがりが屋で誰かといたがる」といった点は、まさに元夫の性格を言い現すにふさわしいものばかり。私以上に、先生の方が元夫を知っているんじゃないかと疑うほどです。

私は元々「計画性や実効性」をとても大切にしていましたが、この部分が元夫とは正反対であるということを知りました。ビジネス上では相性の悪い猿と、どのように付き合っていけばよいのか。猿への対処法と心構えを教わりました。

印象的だったのは「事務仕事が苦手な猿は、犬・ゴリラにお金やスケジュールの管理を任せるのが一番よいです。その代わりに、猿の才能である社交性と発想力を存分に活かせる環境を整えてあげる。そうすると、次々に新商品の展開ができて、今後さらに会社を伸ばしていけるでしょう」というお話です。

大切なのは「相手を知り、自分を知る」ということ。カウンセリングを受けるまで、私は自分の活動力が落ちていることに気がついておらず、周りの人の理解できないところにばかり目を向けてしまっていたのです。こんな不毛なことってないですよね。

その後も先生にはお世話になっています。役員の特性も判明したので、個人が特性を活かして活躍できる、そうした会社運営を実現できないかと考えています。

ゴリラ

Type5 猿

特性

どんな人でも仲良くなれる！根っからのコミュニケーター

猿のみなさんは、９タイプのなかでもっともポジティブ思考を持っている人です。そのポジティブさと好奇心が突き抜けて、日々関心が入れかわります。ときには周囲を置いてけぼりにする部分もあります。

もともとじっとしていられず、思いつくとすぐに体が動きだしてしまうので、「あっ、これいいかも！」と思ったらダーッと突き進んでしまうのです。「あれ、さっきまでここにいたのにいない！」というのはたいてい猿ですし、ダンスなどで何かしら体を動かしているのもたいてい猿です。

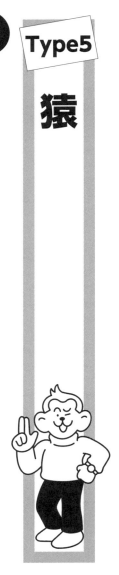

このような即断即決の特性はビジネスにも大活躍。社会の盲点だった、斬新なアイデアで新規事業を立ち上げたり、経営者として独立したり、といったことも珍しくありません。

また、他のタイプには真似できない、素晴らしいコミュニケーション能力を持っており、どんな人とでもすぐに楽しく会話ができてしまいます。たとえ言葉が通じない相手でも日本語で話しかけて、あとは身振り手振りで自分の思いを伝えることができてしまう。面白いことに、これが伝わるんです。オーバーリアクションもなんのその、良い意味で天才です。

私の友人にも猿がいるのですが、なんとまあ会話のうまいこと！　誰とでもずっと話し続けることができてしまい、しかも疲れしらず。コミュニケーションが苦手な犬からすると、とても羨ましい部分です。

行動力もユーモアセンスもあって、さらに会話で盛り上げるのもお手のもの。いつもグループの中心にいる、そんな存在が猿なのです。プライベートで付き合う分には最高に楽しい相手で、まさに「根っからのコミュニケーター」です。

主な特性

#喜怒哀楽の喜怒楽が強い #色＝原色・派手・個性派 #肉系・洋食系・大食い #変化に富む食事 #好奇心 #発想力 #本能 #社交性 #行動力 #笑顔 #プライド #気分屋 #貯金苦手 #情報通 #子供っぽさ

プラス面

フトコロにスッと潜りこむ天才的コミュニケーション能力ここにあり！

好き・得意

自由な発想と行動力で我が道を行くタイプで、考えるよりもまず行動！ができます。感覚で話したり、思ったことを素直に話すので、裏表のない素直でわかりやすい性格といってもいいでしょう。愛嬌たっぷりで、人の心をつかむのが抜群にうまい。目上の人だろうが偉い人だろうが、外国人だろうが新幹線で隣に座った人だろうが、すぐ仲良くなれます。「人類みな兄弟」を地でいくタイプです。天然で明るい性格のため、その魅力でみんなを惹きつけていきます。

強み

猿はライオン特性と猫特性のハーフ。活発力、即断即決、好奇心、童心、対人力や発想力があり、斬新で先見的な企業を創業して大成させる経営者になることができるタイプです。対人力を発揮して起業するパターンですね。

また、行き当たりばったりでたとえ周りの人が「やめておけ」と言っていたり、「常識的に考えて絶対失敗する」と思われたりしている領域でも、持ち前のチャレンジ精神でトライできてしまう。一般的には知らないことや変化には恐怖を感じると思いますが、猿はそれが冒険心となり恐れず挑んでいけるのです。固定観念を覆す革命家、それがあなたです。

プラス面を磨くヒント

人生ＨＡＰＰＹ＆ＬＵＣＫＹ＆ＬＯＶＥ＆ＭＯＶＥ！　人生一度きりだから楽しもう！というような、全力で今を楽しむ生き方をしています。たくさん食べてたくさん遊んで、明るく楽しく、元気で幸せでいたい！　そんなところが魅力です。

難しいことを考えるのは他のタイプに任せ、あなたはあなたの得意な領域で活躍しましょう。とにかく人と人を繋ぐ力が高いので、ぜひ、人の間で場を盛り上げるイベンターであってくださいね。

マイナス面

集中力・持続力、おまけに継続力に難ありか……

キライ・苦手

ライオン特性があることでリーダー性を持っていますが、細かい作業や事務作業は大の苦手。作業があるとテンションダウンして、ルーズさや集中力のなさ、忘れ物をするといったマイナス面が出てきてしまいます。人と関わることにはあまりストレスを感じませんが、正論でアレコレ指示してくる人は苦手。キャパを超えると距離をとりたくなります。ノリとリズムで生きていける人ですから、正論とか常識を振りかざされても面白くないんです。

特に気を付けてほしいのがお金の管理。働いてもすぐに使い果たし、借金を抱えがちなのも特徴です。ギャンブルや興味本位の買い物（散財）には注意が必要です。

弱み

「前もってリスクに備える」ということが苦手で、ピンチに陥ることもしばしば。学生時代に寝坊して怒られるくらいはいいですが、社会に出て大きなミスをしてしまうこともあったのではないでしょうか。例えば発注数の桁を間違える、大事な商談をすっぽかす、みたいな。ピンチのときに冷静さを失って思考停止してしまい、震え出してしまうのも特徴です。契約関係や事務処理など、ルールが決まっている仕事は細心の注意を払いましょう。ダブルチェックしてくれる人（できたら犬タイプ）がいると良いですね。

マイナス面と付き合うヒント

お金の管理が苦手で、ルーズさを持っています。この特性は大人になってからではなかなか直せないものです。「時間を守る」「今月は○円使ったらあとは節約する」といった基本的な生活を子どもの時から身につけていくことが大事なのかもしれません。

ですが大人の猿さん、がっかりしないでください。まずは「自分はいくら収入があって、毎月いくらなら使っていいか」をざっくりでいいので把握するのです。自分でできなければ、自分よりしっかりした人に相談してみる。まずはそこから始めてみてください。特にカード決済にはご用心。毎月の利用上限額も決めておきましょう。

思考・行動

型にハマらないことが幸せ！

猿はオリジナルの個性を求めています。ファッションや仕事、趣味までも「他人と同じは嫌！」という性格です。目立つのも好きで、「そんなことしてる（持ってる）の？　すごい、憧れる！」とみんなから言われたい欲求がとても高いです。

そして、好奇心・童心が全タイプの中でナンバーワン！　常に新しいことや楽しいことがないか探し続けています。そこに笑いも加われば人生最高！　となります。食べる、遊ぶ、楽しむ、動くが大好きな性格で、食べる量がとにかく多いです。お菓子やデザートも大好き。

忘れっぽい性格で、約束ごとや自分の発言を覚えていない、なんてことは日常茶飯事。買い物では以前なにを買ったのか忘れてしまうので、何度でも同じものを買ってしまいます。未開封の同じ商品が家に複数あったりしませんか？

また、せっかちで機械系の操作が苦手です。ラインやメールで文字を入力するよりも、直接話す方が楽なので、電話を利用することが多いのも特徴です。

仕事

スーパー営業マンにも経営者にも！　ビジネスの才覚アリ

誰とでも話せる、しかも話しても疲れないというバイタリティ豊かななコミュニケーション能力を持っているので、営業マンのような毎日毎日人と話すような仕事は天職です。そのほか接客をメインとする販売員や看護師、介護士、保育士など福祉系も向いています。動きのある作業が得意なので、配送業や保険外交員の仕事もいいですね。

意外と多いのが「経営者」です。ライオン特性をもっていて営業が上手いとくれば、当然仕事も人も集まってきます。実際に私も、何人もの猿タイプの経営者を知っています。

経営者となる場合は事務関係を担う人を絶対に雇いましょう。お金の管理が苦手なのはビジネスマンとして致命的な弱点です。経営がずさんでは、いつの間にか資金が枯渇し倒産してしまいます。

むろん、イベンターなど場を盛り上げる仕事や、芸能人になるのも向いています。

Case Study

猿の特性診断体験談

母子家庭の40代女性

私には何を考えているのか全く理解できない娘がいました。感情をあまり表に出さず、友達と遊びに出かけることもせず、悩みを相談してくれることもない娘。何が楽しいんだか、部屋にこもって日がな一日絵を描くことが趣味。不健康だと思って外出に誘うも、家に留まることを好む、そんな娘です。

机にかじりつく姿を見ては不安が募ったものです。性格は明るくないし、友達も少なそう。将来引きこもりにならないか、幸せになれるのか……と。幸いにも出版系の会社から内定が出て、一人暮らしが決まります。嬉しい反面、娘の新たな生活を想像すると、また新たな不安が芽生えました。

そんな折、娘と一緒に河野先生のカウンセリングを受けることに。そこで説明されたのは、猿である私と、犬である娘の特性の違いです。「同じものを好んで食べる」「一人時間が必要」「こだわりが強い」という行動は犬特性によるものらしく、それを聞いた娘は自分の性格が「特別変わっているわけではない」と理解したようです。その後、自分らしさや強みに注目できるようになったようで、徐々に性格が明るく変化していったことには私も驚かされました。

そして、私の猿に含まれる猫特性は子どもに過干渉気味になるのだそうです。「まさか自分が」と思ったものの、説明を聞くと思い当たる節が多すぎて（笑）。寂しくはありますが、娘と自分のために子離れをする決意をしました。今では娘の自立する力を信じたい、一人暮らしを応援したいと心から願っています。

どうやら、娘は私に対して「喜怒哀楽が強く、落ち着きがなく、騒がしい」と感じていたようです。猿のせっかちな言動やイライラした姿に息苦しさを覚えていた、とも正直に話してくれました。カウンセリングを受けてからは、私が感情的になりつつあると「ライオンがでてるよ」と教えてくれます。そう言われると、私も一呼吸おいて、幾分か冷静さを取り戻せるのです。

正直なところ、いまだに娘が考えていることは理解できません。しかし、自分と娘の特性は理解できています。そのおかげで、特性を理解する以前よりもずっと、娘との関係はよくなりました。家族だからといって、何でも分かり合えるとは限らないんですね。

Type6

リス

特性

いつも楽しく笑顔が光る自分ワールド全開の自由人

両親が猫と犬の組み合わせだと、子どもには猫、犬、リス、うさぎのいずれかが生まれます。このなかで犬特性を持ちつつも猫特性が強いというのがリスタイプです。私の統計上、第三子にリスかうさぎが生まれやすいようです。猫の明るく天真爛漫な性格をベースにしているので、人懐こく、楽天家。楽しいことが大好きで、どんな場所にも基本的に適応できますが、「ここはふざけられないぞ」というかしこまったところでは急に慎重さがでてきて、TPOを守ろうとします。ここは猫にない特性です。

みんなとワイワイするのも好き（猫特性）、だけど一人になっていろんなことをじっくり

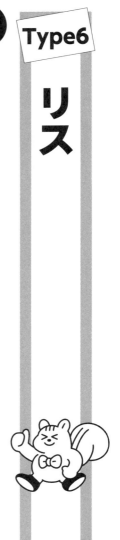

考える時間も必要（犬特性）、というのもリスならでは。ともあれいつもニコニコしていて付き合いやすく、人から好かれる性格と雰囲気を身にまとっています。

対人関係においては細かいことを気にせず、「ハラスメントギリギリですよ～？」と笑い流せたりできます。社会人になると社長やチームリーダーから可愛がられることもあるでしょう。それで周りの人から「なんでリスばっかり！」と思われますが、何かを言われたとしても笑顔でやり過ごすことができますし、文句を言っている人にも積極的に話しかけて、仲良くなってしまいます。リスは「自分ワールド」を展開していて、相手を自分のペースに乗せることが得意なんです。

苦手をあげるとするなら、ライオン特性のある人。初対面からいきなり距離を詰めてくる猿もやや苦手です。うさぎや犬ほどではありませんが、「これ以上は入ってこないで」という見えにくい壁をリスもつくります。ただ、それもサランラップほどの薄さです。

主な特性

#喜怒哀楽の喜楽が強い　#色＝シック&チャーミー系　#和洋中・お菓子系　#変化に富む食事　#ユーモア　#柔軟性　#笑顔　#人懐っこさ　#真面目　#ゆとり　#天然　#好奇心・童心　#TPO重視　#地図苦手　#愛情豊か

プラス面

その場の雰囲気を明るくあたたかに面倒見のよさもピカイチなムードメーカー

好き・得意

私は9タイプのなかで、「リスみたいになるのが理想」といつも言っています。犬のようにネガティブでなく、ライオンのように攻撃的でもない。猫のようにポジティブが突き抜けることもない。すべてのバランスがよく、しかも人当たりのいいリスが家族や職場に一人いるだけで、その場がパァッと華やぎます。男女問わずそうなのです。

さらに、リスは積極的かつ絶妙な距離感で人とうまく関わることのできる、天才的なバランス感覚を備えています。人から好かれる才能に恵まれていて、うらやましい限りです。

強み

リスは親子関係がよく、何でも相談できる間柄となります。土台となるメンタルが安定しているからこそでしょう。だから、人に優しくできるし、おちゃらけることもできる。そしてリスは幼い頃からその才能が開花されているようです。

また、仕事を覚えるのにある程度の時間が必要な猫とは違い、たいていのことは2、3度繰り返すことで覚えることができます。これは犬特性を持っている強みです。しかも、わからないところがあればきちんと質問して、悩みをそのままにすることはありません。「こうしたら迷惑かけちゃうな」という理性的な部分と本能的な部分を使い分けられることができるのです。

プラス面を磨くヒント

色々な才能を秘めていて、誰からも愛されるリス。「相手が喜んでくれている」と思えたらＨＡＰＰＹですし、『ありがとう』なんて言われたらさらに超ＨＡＰＰＹ！

これをしたら迷惑かな？　などとは考えず、人のためを思ったアクションはどんどん実行していきましょう。きっと喜んでくれるはずですし、あなたからも素敵な笑顔が溢れるはず。リスの笑顔は周りの人を幸せにする、不思議な魔法を持っています。自信をもって、世界中に笑顔と幸せの輪を広げていってください！

マイナス面

カタカナや横文字、数字がやや苦手
本心を言えない一面も

キライ・苦手

ライオン特性を持っていないので、自分からどんどん行動して、「ダメならあたって砕けろ！」というような積極性は持っていません。飛び込み営業のような職種は向いておらず、ルート営業の方が得意です。だからと言ってやれなくはないのがリスなのですが……。

苦手なのはライオン特性持ちのライオンやゴリラ、キングコングです。このタイプが発する「圧」に、さすがのリスも恐怖心が掻き立てられて、委縮してしまいます。ですが、普段のリスらしさを見失わず、勇気を出して接してみると、意外となんとかなってしまうものです。むしろ、明るい笑顔で好印象を残すことでしょう。

とはいいつつも各タイプごとにＮＧ行動があるので、本書の内容を参考にしてから人間関係を築いてみることをおススメします。

弱み

猫特性が多く含まれているため、数字が少し苦手でカタカナの覚え間違えをすることがあります。機会操作も苦手で、パソコンや携帯操作に苦戦する人が多いです。また、飽きっぽい性格でもあるため、変化のある仕事や趣味でなければ長続きしにくいところがありますが、どちらにしても猫ほどには苦手な感じは現れません。反復練習を繰り返せば器用にできてしまうのは、犬特性が少し入っているためでしょう。繊細な一面があり、ライオンやゴリラからの圧でうさぎ化しやすい傾向があるので注意が必要です。

マイナス面と付き合うヒント

ミスをして人に迷惑をかけたくないと思ったり、あまり深く考えずに「苦手意識があるから」とやる前から無理だと思い込むクセがあります。仕事上でライオンと向き合ったり、機械操作やデータを扱うといったことが苦手ですが、どうか勇気を持って取り組んでみてほしいと思います。それで失敗することもあるでしょう。ですが、諦めず続ける事が大切です。目標を決めていけば きっとすごいパワーが出てきますよ。

思考・行動

誰でもウエルカム！　実は寂しがり屋

　個性を尊重し、人の嫌がることは基本的にしません。「自分がされたら嫌だな」ということを敏感に感じ取る繊細な心を持っているからです。性善説に立って人を見ているので、「うんうん、そうなんだ」とどんなことにもどんな人にも一定の理解を示してくれます。心を開いてリス自身のことも適度に話してくれるので、「もっと一緒にいたい」と思われることが多いでしょう。これがうさぎや犬なら心を開くどころか、心の扉にカギもチェーンもかかっていますが、リスはドアが閉まっているだけ。手を伸ばせば誰でも開くことができるのです。付き合いやすそうだと思いますよね。

　事実、リスがいる家庭は平和で、子どもと一緒に楽しむこともできるし、ある程度の時期がきたらさっと子離れもする。ウエットとドライ加減が絶妙です。そんなパーフェクトに近いリスですが、実は愛情表現はガンガンしてもらいたい派。それがないと、ややいじけちゃうことがあります。そこがまた、いじらしくてかわいらしいですね。

仕事

人相手の仕事が天職　アシスタント業務にも能力を発揮

接客や受付など、ある程度「どんな人が来るか予想できる」うえで行う販売業務がとくに向いています。扱う商品はそれこそ低額商品からブランド品や不動産、高額商品のものまで対応可能。カジュアルな接客から、リッツカールトン並みの接客までこなせます。記憶力がいいので、お客様の好みや個性をバッチリ頭に入れて接客することも得意です。

また、自分が積極的に前に出るのではなく、営業事務や秘書業務といった裏方仕事も向いています。口が堅く、臨機応変に対応できるので、お客様の心もバッチリつかみます。

時間はかかりますが、エクセルや会計といった本来苦手分野の仕事もできます。そのためには、勉強や努力の継続がマストです。「この仕事のプロになりたい」と思った気持ちを忘れず、飽きっぽい特性をどう乗り越えるかで得意範囲が広がります。

ただ、度を越して怒られると脳がフリーズ。なぜ怒られたか、よりも「恐い」が先行してしまいます。怒られることに耐性がないということは自覚しておきましょう。

リス

Case Study

リスの特性診断体験談

保険外交員の50代上司と30代部下の女性

私の仕事は保険の外交員です。二人一組での活動が基本ですが、運の悪いことにペアを組んだ相方との相性が最悪で、とにかくイライラさせられました。「何を考えているのかわからない人と一緒に仕事をしていけるだろうか？」と悩んでいたときに、河野先生のカウンセリングを受けました。そこで、私はリス、相方は犬の特性を持っていることが判明。リスは「愛情深く、みんなに幸せになってほしい」という思いが強く、コミュニケーションを大切にする親しみやすい特性で接客向き。一方、犬は「自分は自分、他人は他人」というクールなスタンスで、事務作業向きの特性なのだと教わりました。

後日、犬の相方も先生のカウンセリングを受けた結果、「特性」という共通認識を持ってお互いの長所と短所を理解し合えるようになりました。それまで、私は相方を冷たい人間だと勘違いしていたようです。というのも、仲間同士のコミュニケーションをあまり取らず、お客さまに対してさえも愛情や感謝の気持ちが薄いと感じていたから。実際には、相方は淡々とした性格で、仕事に感情を持ち込まないスタンスを貫いていただけ。わざと冷たく接しているわけではなかったのです。そうした相方の姿勢を通して、「私はお客さまに対して家族や友人のように接し過ぎてしまう傾向がある」ことに気がついたんです。

それからは「犬がですぎてるよ、もっと気持ちを込めよう」「リスの天然がでてるよ、気を引き締めて」と笑いながら指摘しあえる関係となり、会話も増え、互いの理解も更に深まっていきました。

大事なのは「リスと犬、どちらの営業スタイルが正しいのか」ということではなく、「お互いの特性を理解し、異なるスタイルを認め合う」ことなんですよね。

その後、人事異動でペアは解消されましたが、今でも毎日連絡を交わしています。大切な相方であることに変わりはありません。

もし、特性というものを知らなかったら、喧嘩別れして「あの人大嫌い！」と言い合っていたことでしょう。自分が相手を理解するだけではなく、相手にも自分のことを理解してもらえたから、今のようなかけがえのない関係を築けたのだと思います。

Type7

うさぎ

特性

人の顔色を伺う、優しく慎重な繊細さん

うさぎのみなさん、このパートで書かれていることに「嫌だな」「つらいな」と思うこともあるかもしれませんが、ぜひご自身の特性・性格を知る上でも読み進めてみてください。

猫と犬の間に生まれるのがうさぎ特性とリス特性で、うさぎが「犬寄り」なのに対してリスは「猫寄り」という違いがあります。また、生まれたときからうさぎの「先天的なうさぎ」と、つらい経験やトラウマ、ストレスなどによって本来のタイプの上にうさぎが乗ってしまった「後天的うさぎ」の2種類があります。後天的な場合、例えば「本来は猫だけど、今はうさぎの特性が強く出すぎてしまっている」ということになります。

では、うさぎ特性にはどんな特徴があるのかというと、真面目で、繊細。責任感が強く、基本的に人に「NO」を言うどころか意見することさえできません。それは家庭でも職場でも友達でも、何なら恋人でも同じ。人の目を気にしすぎた結果、自己表現ができなくなり、「自分のことは誰もわかってくれないだろう」と諦めてしまい、心を閉ざしています。

そういう心の状態ですから、外からの圧力に極端に弱く、怒られることや、環境の変化がとても苦手です。例えば人から何か言われたとき、猫は心のダメージが10段階のうち3くらいだったとすると、うさぎは8くらいに感じてしまいます。その時の反応はさまざまで、「もう私なんてダメなんだ」といって引きこもるか、あるいは「俺のどこが悪いんだ!」と瞬間湯沸かし器になって激昂するか。これって一見全然違う反応ですが、根っこは同じで「これ以上攻撃しないで」という心の叫びなのです。

ネガティブなことばかりを書きましたが、本来は人懐こく仕事は真面目に取り組む優秀さを秘めています。それがちょっと出にくくなってるだけ、なのです。

主な特性

#喜怒哀楽の哀楽が強い #色=紺・暗色・シック&ラフ系 #和洋中・お菓子系 #ワンパターンの食事 #繊細 #こだわり #人見知り・慎重 #責任感 #几帳面 #真面目 #優柔不断 #従順 #一人楽 #ネガティブ

プラス面

物事を中立に判断。細かい作業が得意な几帳面な性格

好き・得意

強い犬特性を持っているので、細かい作業はお手のもの！　データの入力作業や、不具合がないかどうかの動作チェックなど、「ここからここまでが自分の仕事」という形でキッチリかっちり行うのに向いています。屋内で空調の効いたところで集中力が求められるような作業には能力を発揮できるでしょう。突発的な事項に対応するのが苦手なので、1日のスケジュールが細かく決まっている方が安心できます。

また、周囲に流されず「あれ？」と思ったことをズバッということも。みんなが「このデザインすごくいい！」と盛り上がっていても、ボソッと「この表現はまずいんじゃないですか」と言える中立性、正確性も持ち合わせています。

強み

うさぎは失敗を恐れる性質があります。しかし、そこが長所として働いて、慎重さや用心深さとして現れます。お金や機密を扱う経理、事務、銀行では重要な存在として活躍できるでしょう。猫特性のおかげで犬のような指示待ち人間になりにくく、お客さま対応もある程度は自分から動くことができます。犬特性もあるので、ＰＣなどの機械操作や、分析作業、仕分け作業が得意です。製造やデザイン、グラフィックなどクリエイティブな環境でも能力を発揮できる人が多いのも特徴です。

繊細な心を持っているので、困っている人への心配りも上手です。

プラス面を磨くヒント

繊細で慎重な性格のおかげでトラブル回避能力が高く、なかなか失敗しないタイプです。冷静さも備えており、今起きている状況を見定める力もあります。ＴＰＯを重んじる性格でとても礼儀正しく、受付業務なども何度か練習すればすぐに慣れることでしょう。

犬特性を多く持っているので、ＰＣで行う淡々とした作業とも相性がよいです。若いころから練習をしていると、社会人になったときに即戦力として活躍できます。

なによりも、うさぎにとって一番大切なことは「自分に自信を持つ」ことです。

マイナス面

繊細思考が常駐

キライ・苦手

プレッシャーに弱く、繊細で引っ込み思案なところがあるので、圧の強い人や粗暴な人からは本能的に逃げ出したくなってしまいます。つまり、ライオン特性を持っているライオン・ゴリラ・猿・キングコングは苦手です。

騒がしかったり人がたくさんいたりする場所から家に帰ると、どっと疲れがでてしまい、一度横になりたくなるはず。完全な人疲れです。のんびりした性格なので、急な変化やスピードを求められることにストレスを感じやすいのも特徴です。

弱み

特定の出来事に捉われて「思考の沼」にハマりやすく、一人の時間や寝る前に「一人反省会」をしがちです。怒られたり注意されたこと、嫌だと感じたことをいつまでも抱え込むため、周囲からはおどおどして自信のない人に見られてしまいます。

また、心の中に一人の時間を求める自分と寂しがり屋の自分が共存しているのに、どうしても甘えることができません。そのため「ペットがいてくれたら幸せ！」となり、結果的に独身でいる人が多いです。気持ちをだせる相手がいるかどうかで、うさぎの人生は大きく左右されます。

マイナス面と付き合うヒント

まず、ライオン特性を持っている人と相対するのは相当なストレスがかかるので、距離をとるように意識しましょう。「ライオン特性の人を扱えるようになろう」と頑張ってはダメ。あなたの良さが失われてしまいます。自分を安全地帯において、そこで能力を発揮するほうがうさぎには良いのです。学校や職場など、大人数の中で人付き合いをする場合も同様で、その中にいるだけで疲れてしまいます。

大事なのは、「自分の苦手を知って、セーフティゾーンを作ること」。それさえできれば、あとは相性のよい犬や猫、リスたちと付き合えばいいだけ。「精神的にも肉体的にも無理しない」がマストです。

思考・行動

見えないところをしっかり支えてくれる、内助の功

几帳面で真面目、大人しい性格なので、仕事でも日常生活でも、それこそPTAでも「あれやって、これやって」とお願いされることが多く、しかも断れないので何でも引き受けてしまう傾向があります。

しかも物事に手を抜きたくないので、期待されている以上にいいものだったり、気の利いたアイデアを付け加えたりと、才能を発揮します。犬特性を持っているため、「こだわり」が出て完成度が高まりやすいのです。

繊細で気配り上手で困っている人を見ると何かしてあげたくなりますが、自分からはなかなか声をかけられず、相手の様子をしばらく伺います。寂しがり屋なのでパートナーやペットの存在がとても大切です。ルーティンが乱れたり、急な変化が起こったりすると、戸惑って一瞬フリーズする場面も。人疲れしやすく、基本的に休みの日は家にこもっていたいと思うタイプですが、猫特性が少しあるため楽しそうなイベントがあるとついつい外へ出かけていきます。

仕事

裏方作業なら任せて！　人の対応と事務処理、両方ある仕事が得意

うさぎは繊細さと対人力を持っており、専門職や細かい作業を扱う仕事が向いています。数字に強い人が多いため公務員・経理関係・医療事務・受付もよいでしょう。ルーティン作業があまり苦にならず、工場勤務や整備士などの専門職もＯＫ。士業であれば税理士、行政書士、司法書士など。基本的に、ルールに忠実で慎重さを求められる職業であれば、オールマイティに対応できる才能を持っています。

注意しなければならないのは、仕事よりも人間関係。うさぎはどんな無理難題も頑張ってやり遂げようと努力をしますが精神力が続かず、最終的に心が折れ、滅入ってしまいやすいです。どんな仕事に就いても、日ごろからストレスをため込みすぎないように、気分転換やストレス発散法を知っておきましょう。「この日のために頑張ろう！」と前向きに思えるような、ワクワクする予定を週末に立てるのもよいですね。２０８ページに笑顔＆ポジティブでいるための方法をまとめているので、是非参考にしてみてください。

Case Study

うさぎの特性診断体験談

事務員の40代女性

事務の仕事をしています。「最年長だから」という理由で事務局の責任者に任命されてしまいました。社長の無理難題を断りきれず、仕事の責任と社長からのプレッシャーに押し潰されそうな日々を過ごしていました。

会社を辞めようかと悩んでいたときに、カウンセリングを受けました。

診断の結果、私の特性はうさぎ。うさぎは生まれつき繊細な性格で、「人見知り」「大人数が苦手」「寂しがり屋」「不安症」「他人からどう見られているか気になる」という特徴があります。間違いなく私はうさぎだと思えるほど、当てはまる項目ばかりで驚きました。

生まれながらのうさぎ特性でも、思考を転換することでポジティブなリス特性へと変化していけるようです。ネガティブなうさぎでいるよりも、毎日を楽しくポジティブに過ごせるリスになりたい。自分を変える決意をし、教えてもらった「うさぎの減らし方」「リスの増やし方」を今でも実践しています。まずは「寝る前の反省会をやめる」努力からはじめてみました。

先生は「苦しみや困難を乗り越えた数だけ人は強くなれるし、他人の痛みにも気がつくようになります。だから、実は、あなたは輝く原石なんです。それを表現するのが怖いだけ。少しずつでいいから、内に秘めた輝きを自信にかえていきましょう」と話してくれて、自分に自信が持てそうな気がしました。

うさぎ特性はそう簡単には治らないそうですが、先生が後発的なうさぎ状態となり、そこから抜け出した経験を聞くと、自分の悩みごとなんて小さいなと思えてしまうのです。壮絶な過去があったとは到底想像できない、ニコニコとした表情を見ていると、勇気すらもらえます。

また、「私の過去はひどいものですが、その経験があったから今の私が存在します。少しも恥じていませんし、過去を人にどう思われようが気にしません。トラウマばかりの人生ですが、今はその全てが経験値となって、私の力になっています」と、前向きに生きることの重要性も教えてくれました。

今でも少し人見知りはでますが、困難は自分を成長させてくれるもの！　と前向きに捉えて、リスへと成長していきたいです。

Type8

パンダ

特性

穏やかな平和主義者 誰からも嫌われない稀有な存在

パンダの最大の特徴は「人を嫌いになる」ことも「人から嫌われる」こともほとんどなく、むしろ好意的に見られることが多いという点です。

「えー、そんな人いる?」と疑ったそこのあなた。パンダの代表格は大谷翔平さんやサンドウィッチマンのお二方。こう聞いて、「たしかに、嫌っている人を見たことないかも……」と直感的に思ったはず。そうなんです、私の統計では50人に1人くらいですが、こういうタイプが世の中に存在します。

争いごとが嫌いな平和主義者で、何か嫌なことを言われても、されても「まあそういう

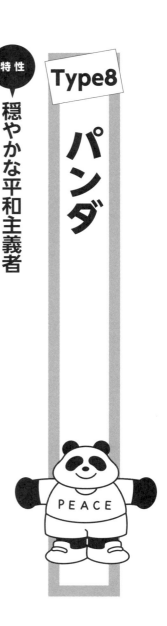

ことを考える人もいるよねえ」とフラットな反応ができます。全てを包み込んでしまえるおおらかさを持っているので、悪い人からお金をだまし取られても、悲しいことは悲しいのですが、信用した自分も悪いというポジティブ思考をして周囲の人間を驚かせます。これがキングコングなら怒り狂って「相手を追い詰めて（自主規制）してやる」のような極端な思考に陥るところですが、パンダは「決シテ瞋《いか》ラズイツモシヅカニワラッテヰル」という宮沢賢治の作品に出てくるような、そんな人なのです。

なぜキングコングを登場させたかというと、この2タイプは持っている特性は同じなのに、その強弱が違うだけで、性格も考え方もまったく逆だから。ライオン、猫、犬特性値が平均もしくはそれ以下だとパンダ、平均以上となるとキングコングです。パンダは平均的で、運動も勉強も習い事もすべてオール3となります。家族でも職場でも仲のいい友達にもほとんど接する態度が変わらないので、裏表がなく「自然で素直な人だな」と好印象を持たれることも少なくありません。

主な特性

#喜怒哀楽が平均的 #色=なんでも着こなすオールマイティ系 #なんでも食べる #柔軟 #平等・中立思考 #ポジティブ思考 #共感 #活発 #穏やか #社交性 #情報通 #仲裁力 #慌てない #聞き上手 #継続力

プラス面

『自分よりも相手優先』を素のままできる控えめな人

好き・得意

パンダのよさは心の広さと、どんな状況や人にも柔軟性がある点です。現実を受け入れるのが早く、「ダメなものはダメだよね」という考えの切り替えの早さはピカイチ。また、親でも上司でも先輩でも「こうしなさい」と言われたことには真正面から取り組む素直さがあります。いかようにも自分を他人に合わせることができるのです。「趣味はなんですか?」とたずねると「読書」「映画鑑賞」「美味しいご飯をたべること」などありふれた回答をすることが多いのも特徴。常識の範囲内にいることが一番得意とも言えるでしょう。

強み

つかみどころのないようですが、仕事や用事などは、早め早めに終わらせる計画性のよさを兼ね備えていいます。急に「これお願い」と頼まれても、「はーい」と言って対応できる柔軟性もあり、段取りを組み立てるのが得意です。ライオンほどではないですが、せっかちさも持っています。会社で言えば中間管理職向きです。誰からも好かれますし、人にお願いするときは物腰柔らかく、無理強いをすることもありません。いざとなれば自分で対応してしまいます。みんなが気持ちよく仕事ができる空気を作ってくれるのです。「縁の下の力持ち」として働く人生もまた、パンダならではと言えますね。

プラス面を磨くヒント

どんな物事も平均的にできる素晴らしい特性を持っていますが、若いころから将来の目標はしっかりと立てておきましょう。1つのことに意識を集中し、人の2、3倍の努力を続けることで「継続は宝なり」を体現し、最終的に他のタイプが真似できない「人間性と才能」を身につけることができます。

皆に愛される特性を持っているパンダはその中立性や柔軟性を活かし、多くの人と関わることで良質な人脈が広がります。その人脈は、あなたの人生の「最高の応援者」となってくれるはずです。持ち前の行動力でどんどん交友関係を広げていきましょう。

マイナス面

中立思考だけど、実は頑固でせっかち

キライ・苦手

パンダは人を嫌いになることは基本的にありません。もし、そのパンダが特定の人を嫌っているのだとしたら、よほどのことがあったはず。例えば「人を騙す」「人を陥れる」など、一般的に犯罪とされていることに手を出していれば、流石のパンダも嫌いになってしまうでしょう。逆に言うと、このレベルにならないと、なかなかパンダからは嫌われません。

パンダはのんびりしているようで、実は少しせっかちな面があり、仕事が遅い人にちょっとイライラしてしまいます。しかし怒りのボルテージが上がりにくいためアンガーコントロールも効きやすく、すぐに精神面は安定します。こういった面からも、やはりパンダは嫌いな人やコトなどはほとんどないと言ってよいでしょう。

弱み

中立的な立場になりやすいパンダは、周囲の人から「日和見主義な人」と思われることも少なくありません。中立的であることは「強み」ですが、時と場合によっては「弱み」に転じる可能性もあることを自覚しておきましょう。

ライオンほどはないですが、せっかちさや頑固な特性を持っているので、心に少しのゆとりを持って行動できるとよいですね。特に40歳くらいまではこの特性が言葉や態度に出やすいです。特に注意をしてください。

マイナス面と付き合うヒント

ライオン特性・猫特性・犬特性の3つの能力をまんべんなく持っているパンダ。そつなく何でもできる分、際立った特徴がないのがマイナス面と言えばそうなのかもしれません。ただ、それは「人よりも劣っている」のではなく「バランスがとれている」とも言えます。それに、他のタイプにも弱みや苦手は必ずあります。「ほかの人にもマイナス面があるんだ」とは思えないかもしれませんが、そんなパンダは他タイプの解説ページを是非、読んでみてください。誰とでもあわせられる、その稀有な才能に光を当ててみましょう。

思考・行動

広い人脈を築くことができる、ザ・可愛がられキャラ

日本人って三歩下がるとか、控えめとか、健気さにぐっとくることがあるじゃないですか。パンダの場合、それが自然体でできるのでどんなコミュニティに属してもかわいがられます。ライオンや猿、ゴリラが押せ押せの攻めの営業だとしたら、パンダは聴き上手で、御用聞きから顧客のニーズを聞き出す「守りの営業」だと思います。ポジティブ思考なので、ついつい心を許して話したくなってしまうような人なんですよね。

いろんな会にも参加して人付き合いができます。しかも「いい人ですね」とか「努力家ですね」と言われても「いやいやそんなことないですよ」と本気で思うんです。内心では自分のことを「すごい」と思っている場合もあるかもしれませんが、パンダは「自分よりもみんなの方がすごい」と心の底から思っています、それが相手にも伝わるので、当然好感度も高いんです。人と人をうまくつなげる力が高いので、そこに能力を発揮してもいいですね。

仕事

手に職を付けて、「あなただから頼みたい」と言ってもらえると◎

リーダーシップを強力に発揮するライオン特性を持っていないため、経営者として会社を運営するのであれば「家族のような」「フレンドリーな」経営方針が合っています。

会社員の場合は誰でもバランスよく付き合える特性を活かして、中間管理職で力を発揮するのがよいでしょう。コツコツと地道に自分の好きなこと、興味のあることは努力できるので、弁護士や税理士といった士業の資格を取って働くのも向いています。親身になって相談者の話を聞けるので、きっと人気が出るはずです。また、私の知り合いには、子どもの頃からの夢を現実にしようと勉強を続け、医師になったパンダもいます。「何がやりたいかわからない」そう思ったら、ぜひ小さい頃好きだったこと、憧れていたことを思い起こしてみてください。仕事面で輝くヒントは幼少期に隠れていることもあります。望む結果はすぐに手に入らないかもしれませんが、自分の可能性を信じて継続し努力を続けましょう。そうすれば、多くの人に尊敬される素晴らしい才能を身につけることができますよ。

Case Study

パンダの特性診断体験談

専業主婦の30代女性

私はとても普通の人間。これといった能力もなく、彼氏もなかなかできませんでした。ずっとこんな感じで生きていくのかな？　と迷っているときに河野先生と出会いました。私の特性はどうやらパンダなのだそう。パンダが大好きなので、なんだかとっても嬉しかったことを覚えています。

最初は先生がパンダの強みとしてあげた、「平均的バランス力」という言葉にあまりピンときませんでした。「パンダはみんなのよさを素直に認められる性格なんだよ」とまで説明されてようやく納得。確かに、周囲にいる人たちのことを常々「すごいなあ」と思っています。何かしらの才能を持っている人たちばかりで、それに比べて私は……と、少しだけ落ち込んでしまうのです。

そのことを正直に話すと、先生は「才能がある人にも、必ず苦手や不得意がありますす。例えばパソコンが得意な人は人見知りだったり、接客が得意な人は計算が苦手だったり。でも、あなたはなんでも平均的にできますよね？」と言うのです。考えてみれば、その通りでした。ついついみんなのすごいところばかりが目に付いて、苦手なところは見ていなかったのかもしれません。

そして、彼氏ができない話になると、「女性は尊敬できない相手を好きにはなれません。特にパンダは全ての特性を平均的に持っているから、全てにおいて尊敬できる人を探してしまうクセがあります。その全て持っているのがキングコングという特性の人です」と教えてくれました。キングコングの特性を聞くと、過去に恋をした男性の性格そのもの。友達の猛反対を押し切り付き合うものの、女性問題で苦しめられました。私の恋愛はそんなことばかりです。

そんなパンダの私に対するアドバイスは「尊敬を求めすぎないように」というものでした。「まだ先だけど、50代後半になると安らぎのある相手を求めるようになるから、これから趣味や楽しみなどの共通点で相手を見てごらん」と。

あれから10年。私は同じ趣味を持つ犬特性の真面目な方と結婚し、犬特性の男の子と3人で、趣味のキャンプをするなど楽しい家庭を築いています。

もし、特性について何も知らなかったら……キングコングを追い求めていたら……ずっと独身だったかもしれないですね。

パンダ

PEACE

Type9
キングコング

特性

人と同じことが大嫌い！
多芸多才な皇帝・女帝タイプ

９タイプのうち、すべての特性を強く持ち合わせているのがキングコングです。私の統計では１００人に１人くらいの超レアタイプです。
キングコングは周囲の変化に流されずにマイロードを歩み続けます。周囲の人からは「風変わりだよね」「かなり個性的だよね」と思われていることが多いです。幼い頃から独創的な思考と衝動的な行動を発揮して、周囲の大人たちを驚かせてきたことでしょう。あまり人への関心や愛情を見せず、クールに見られる傾向もあります。ライオン特性があるため、負けず嫌いも天下一品！　勝負ごとにはかなりムキになる面があり、その点ではゴリラに

似ていますが、両者を分ける決定的な違いがあります。それは、好奇心の旺盛さです。キングコングは「色々なことを経験したい」という興味関心がいつも心の中に存在しています。そのせいで、猿や猫の特性と重なる「飽きっぽい」性格も持ち合わせているようです。

そして、犬特性も強いので、自分のルールに合わない人には怒りを感じて一言注意したくなってしまいます。なによりも、キングコングはすべての特性を持っているため、精神的に「ライオンの勝ち気」「猫の陽気」「犬の陰気」の3つが日や時間、秒単位で激しく入れ替わるという複雑な精神面を持っているのが最大の特徴です。

仕事でもプライベートでも人の下に付くのが嫌。マルチな才能を持っているので、大きな会社の経営者や自営業者を選択する方が多いです。男性女性問わず仕事人間になりやすく、家庭に目を向けないせいで結婚生活が続かない人や、生涯独身を貫く人もキングコングには珍しくありません。波乱万丈な生き方をしてる方がとても多いのも特徴です。

主な特性

#喜怒哀楽全て強い　#色=黒or派手+個性的　#肉を軸になんでも食べる　#変化に富む食事　#負けず嫌い#統率力　#童心・好奇心　#ユーモア　#即断即決　#説教の声大きい　#根性　#こだわり　#飽きっぽい　#ボス

プラス面

好奇心旺盛でリーダーシップもあるカリスマ経営者タイプ

好き・得意

好奇心が強く、身のまわりにある面白そうなことや最先端の技術や新製品に興味を持つと同時に、「自分にとって価値があるか？」を判断する思考力を持っています。その上で「やる」と決めたことには全力で取り組み、成果を出せてしまうからすごいです。

リーダーシップも発揮しますし、面倒見がよかったり人を惹きつけたりと、キングコングは魅力にあふれた人。アクティブで、変化に富んだ毎日を過ごすことが得意でもあります。特に、お祭りやイベントに参加するのが大好きです。

強み

身体も精神も強く、少々の熱があっても気合いと根性で乗りこえます。行動力と体力もあるので無理が利いてしまうのです。興味があることや極めたいことがあると、一睡もせずに取り組めてしまうほどのスタミナです。

関心対象への記憶力が素晴らしく、情報収集能力も高いため、キングコングのさまざまな特性を生かして趣味や仕事を完璧に仕上げます。しかも、他人に頼ることなく、自分一人の力でやり遂げてしまいます。家庭を除いて広範囲に意識を向ける事ができるため、同時に複数の人や仕事を管理する能力も兼ね備えています。

プラス面を磨くヒント

独自性が強く、他人と同じであることを嫌う特性を持っています。これをビジネスや芸術方面に活かし、斬新でオリジナルなアイデアを打ち出して成功しているキングコングが世の中にはたくさんいます。自信を持って、その個性を貫いていってほしいものです。

基本的に人のアドバイスは聞き入れない頑固なタイプですが、尊敬している人や信頼している人であれば年齢関係なく耳を傾け、アドバイスを聞き入れる素直さがあります。なんでも自分で完結させる力があるからこそ、キングコングの人生には尊敬できる知人がいることがとても重要なポイントになるでしょう。

マイナス面

極めては飽きる、読めない性格

キライ・苦手

ネガティブな人、やる気がない人、行動力のない人、言葉だけの人、常識を守らない人、そしてルーズな人を嫌います。変化や感動のない、同じことを繰り返すようなことも嫌いです。恋愛も同様で、安定感よりも変化を求めています。刺激のない恋人にはすぐに飽きてしまうでしょう。しかも、パートナーに自分の活動を拘束されたくないので、デートは月に1、2回あれば十分だと思っています。むしろ、それ以上一緒にいると息苦しさを感じてしまうのです。また、相手にも自分にも負けたくない気持ちが強すぎて、上手くできないことがあると悔し涙が出てしまう、なんてことも……。

弱み

継続することが苦手で、仕事や趣味をコロコロと変える人が多いです。恋愛も一人では満足できず、同時に複数の人と付き合うことも珍しくありません。友人関係も継続しにくいので注意しましょう。多才多芸で、興味を持ったことはすぐに身につけられますが、そのせいで「できない人」の気持ちに寄り添えず、むしろ見下してしまう傾向があります。それが言動に現われて、気がつけば周りから人が消えている……なんてことになりかねないので注意してください。

マイナス面と付き合うヒント

興味を持ったことはすぐに習得、満足すると飽きてしまい、それ以降関心が無くなるという特性を持っています。意外にもあまり計画性がなく、代わりに「なんとかなる精神」があり、ひらめきや興味だけで動いてしまうところが欠点。継続性が身につけば、持ち前の記憶力や技術力は才能として開花しますし、逸材として活躍できるでしょう。

確固たる正義感やマイルールがあり、自分とは考えの違う相手にも物怖じせず一言申したくなりますし、強い言葉で説教をすることもあります。そのせいで不要な敵を作ってしまうのが残念です。言いたいことは相手が受け止められる言葉で優しく、丁寧に伝えましょう。それだけで、あなたの印象は大きく変わります。

思考・行動

いろんなことに興味津々。知識のストックを常に補充

好奇心が旺盛で、興味があることへの記憶能力が極めて高いです。その能力を活かして、これからもさまざまなことに挑戦してください。

また、知識や技術を財産として吸収し、身につけ、活かすことに喜びを感じているタイプです。そして、自分の経験や信念に裏打ちされた、揺るぎない人生観や倫理観に信頼を寄せています。人生論や哲学などの硬い会話も好みます。

遊ぶ時はこだわりを追求&全力トライ！　リーダーシップとユーモアセンスがあるためグループのリーダー格になりやすいです。ところが、同じグループにキングコングがもう一人いるとマウント合戦が巻き起こります。

負けたキングコングはグループから去り、違うグループを立ち上げ、そこでリーダー格として君臨します。ただし、興味が次から次へと変化していくため、グループにも長居しない傾向にあります。

仕事

型にハマらない、変化のある仕事が天職

キングコングは自営業をしている方がとても多いです。

その理由は2つ。ひとつは、会社員として働く場合、上司が尊敬に値する人物でなければ従わないから。もうひとつは、仕事が思い通りに進まないと強いストレスを感じるから。自分の意向を反映できて、自由に動ける自営業の道を選択する人が多いようです。

しかし、経営者だからといって飽きっぽい特性が消えるわけではありません。事業が成功しても違うことに興味が移ってしまい、あっさりと会社を売却したり、誰かに会社を任せて自分は新しい事業に熱中したりということを繰り返します。その結果、多角経営になる場合も多いです。

行動力・統率力・意思決定能力・専門性・知識力など、マルチな才能が必要な業種が向いており、コンサルタントや旅行会社、不動産、医師、政治家、総合商社、先端技術を取り扱う会社の経営者などが適職です。

Case Study

キングコングの特性診断体験談

自営業の40代女性

彼氏はできるのに、どうしても相手のことを好きになれず、そのせいですぐにお別れ。そんなことの繰り返しで、「きっと私は恋愛に向いていないタイプの人間なのだ」と思っていたんです。先生と会うチャンスがあったので、本当に私が「恋愛不向き人間」なのか相談してみたところ、「それは、あなたがキングコングだからです」というシンプルな答えが返ってきました。キングコングの特性がリストアップされた資料を見ると、ほとんどの項目に心当たりが。

仕事でも趣味でも飽きっぽい、極めたら満足、「はぁ？」と言う、感情の無と激が入れ替わる、人と同じが嫌、興味が次々にわいてくる、声が大きい、ルーズな人が嫌い、負けず嫌い、好き嫌いがはっきりしている、等々……。なかでも私を言い現しているのが「群れない・媚びない・ぶれない」。思わず笑ってしまいました。

特性ってこんなにもはっきりと出るものなのかと感心しつつ、しっかりと当たっているので疑り深い私も納得するしかありません。さらに先生は、「キングコングさんは全てに対して飽きっぽい。それは恋人であっても同じ」と言うのです。「彼氏を好きになれなかった」のではなく、「彼氏に飽きていた」という新事実に驚きました。どちらにしても、ひどい話ですよね（笑）

そして、キングコングの特性は統計的に親から遺伝しやすいのだそうです。それを聞いて、ある悩みが腑に落ちたような感覚がありました。私の母親は非常に強烈な性格の持ち主。「母親のようには絶対にならない」と幼い頃から心に決めていたのにも関わらず、大人になった今、どこで間違えたのか母親そっくりの強烈な性格になっていたのです。母親似である自分に嫌気がさすこともありましたが、「遺伝なら仕方がない」と思えるだけで、少し心が軽くなります。

そして続いた先生の言葉が更に衝撃的。「カウンセリングにくるキングコングさんは、結婚していても彼氏が2，3人いる方が多いですよ」と。確かに、私も2人の男性と同時並行で付き合っていた時期がありました。

自分の特性を理解できたので、恋愛をするお相手とは割り切ったお付き合いをしていくことに決めました。だって、私はキングコングですから！

column

「犬特性をもっと知る」

日本人の多くが犬特性を持っています。自分に犬特性がなかったとしても、家族や友達、職場などに犬がいることは間違いないでしょう。そこで、犬特性についてもう少しお話しておきます。こうした犬の生態を知って、楽しいお付き合いをしてください。

★念を押して伝えたいのは、犬は１人の時間と空間がないと絶対にダメ！　だということ。「主人がトイレや書斎から出てこない」「子どもが隅っこで遊んでいる」場合、犬である可能性が非常に高く、そこが一番落ち着く場所なのかも。1人部屋を用意するのが難しければ、家の一角にスペースをつくり自由に過ごさせてあげてください。

★特定領域にやたら詳しいオタクになる傾向があり、グッズを収集しがち。家族にとっては不要でしょうが、犬にとっては宝物です。むやみに捨てたり、乱暴に扱ったりすると、心が傷ついてしまいます。

★１つのことに集中し、リサーチする能力に長けています。興味・関心がこだわりに発展し、こだわりを追求して博識家になります。「なんでそんなことまで知っているの！？」という犬が多いです。知識がある分、理屈っぽいところもあるので、何かを行うときは、理由・理屈・意味・必要性・計画性・実効性がないといつまでも動いてくれません。計画を１から10まできちんと話すと、点と点が線となり、きちんと動いてくれるようになります。

★家族や親しい友人以外とフレンドリーに話すのが苦手です。いつまでも敬語や標準語が抜けないこともありますが、お酒を飲むと他人を気にして閉じていた心の扉が開き、急に隠れていた陽気さが表に出てきたりします。仲良くなりたい、本音を聞き出したいのならお酒を交えるような食事会が有効でしょう！　人見知りではありますが、礼儀を重んじ、「やってもらった恩にはこたえねばならぬ」とばかりに尽くそうとする一面も。

4
章

円満な人間関係は付き合い方で決まる

9タイプ別取扱説明書

Type1

ライオンとの付き合い方

「俺についてこい」の仕切りたがり屋、頼られる自分がスキ

ライオンは物事に対して常に全力で取り組むのが大好き。頭よりも体を動かして情報を得ることが得意で、「こうだ!」と思ったら即行動。そんなライオンに、周りにいる犬や猫はびっくりです。彼らからは「いきなり方向転換した!?」と思われてしまいますが、当の本人はそんなこと、つゆにも思っていません。犬よりも行動力のある猫でさえも「やってみようかな?」と思ってから実行するまでに1、2回はどうしようかと考えますが、ライオンは「やってみようかな?」で即行動。プライベートでも同じなので、「行こう!」と決めたら雨でも雪でも関係なし。家族でお買い物をしていても、自分の行きたいところに行って、振り向いてようやく誰もついてきていないことに気がつきます。

そこでライオンは「なんでついてこないんだよ!」「何してるんだ!」と怒りがこみ上げてしまうのです。ここで怒りが出る、ということは自己中心的な思考が強い証拠。「自分に合わせないなんてありえない」「自分についてくればいいんだ」と思ってしまい、それを行

動で示してしまうので、ますます周りと溝ができてしまうのです。

常々、ライオンを見ていると思います。こんなに行動力があり、体も丈夫でメンタルも強い。それなのに周りがついてこないなんて、能力を半分も使ってないのと同じじゃないかと……。ですからライオンにお願いです。「**自己中心的思考を抑える**」ことにぜひ注力してみてください。プライドの高い人がライオンには多いのです。これは、ライオン特性を持つ、ゴリラ・キングコング・サルも同様です。ちなみにプライドの下げ方については、5章の218ページで詳しく伝えているのでそちらを参照してください。行動力のあるライオンが、プライドを下げるだけで周りからは「意外とこの人付き合いやすいな」と思ってもらえて、関係性を良好に保つことができます。その方が生きやすいとは思いませんか？

逆にライオン特性を持っていない犬・猫・リス・うさぎのみなさん！　ライオンと付き合うときは、もう少し行動をスピードアップさせましょう。例えばメールの返信を早くするとか、少しだけ早歩き・早口にするとか。ライオンのスピードには追い付かないかもしれませんが、少し意識するだけでもイライラさせず、「これなら待っててあげるか」と思ってくれるかもしれません。ライオンとうまくやるコツは「スピードを合わせる」こと。それもぜひ覚えておいてください。

職場のライオン

ライオンはまさに生まれながらの「リーダー気質」で、同じ部署にこのタイプが2人いたりすると、負けず嫌い同士がぶつかり少々面倒なことになるかもしれません。例えば営業マン同士だったら契約数を競って一喜一憂しているような。語気が荒々しくなるときもあるので、傍から見ている犬やうさぎはハラハラ。「あの2人、ケンカしてる？　大丈夫？」とまきこまれてもいないのに心配になってしまいます。当のライオンたちからすると、これが通常モードなのでまったく問題ありません。むしろ競いあい、切磋琢磨することに快感すら覚えているのです。さすが百獣の王！

ライオンは情熱や感情の熱量が多いだけで、相手をおとしめてやろうと考えていることは少なく、ただ勝負に勝ちたいだけ。負けたらもちろん悔しいですが、自分のプライドが傷ついたことへの悔しさの方が大きいようです。また、プライドの高いライオンは人前で叱られたり負けたりすることに強い抵抗感があります。指導や注意をする場合は、他の人に聞かれず、見られない場所で個別に行うようにしましょう。プライドの低くなったライオンはとても人情味厚く、頼り甲斐のある人間となります。

さて、ライオンが上司だった場合です。統率力もリーダー性もあるので、尊敬できる部分もありますが、気を付けないといけない部分もあります。部下には「自分と同じくらいの行動力がある」という前提で話してきますから、声は大きめ、口調は強め、雰囲気は圧あり。何かお願いするときも「○○やっておいてよ、いいね」と言いつけられたように感じて、萎縮した部下は何も言い返せなくなってしまう危険性があります。

ライオン特性を持っていればまだ、気にせずにやり過ごすこともできますが、犬や猫は圧に弱いため言われたら言われっぱなし。しかも、言い返せません。威厳のあるライオンからガツッと言われると「怖い」と本能的に思ってしまい、「この人は何を言ってもわかってくれないだろうな」と勝手に思い込んでしまうのです。これでは良い人間関係を築けるはずもありません。トラブルが起こっても「とりあえずその場をやり過ごせばいいや」という思考になり、お互いにとって何もプラスにならなくなってしまいます。上司がライオンで、自分から面と向かって発言できない場合は、周りの人から情報を集めたり、なるべく機嫌がいいときに話したりなど、**「ライオン上司の行動パターンを読む」**ことが先決です。そのうえで、短く端的に話す、あるいはメールやチャットなど間接的な連絡をするなど、ライオン上司に慣れるための「準備期間を設ける」ようにしてみてください。

一方、ライオンを部下に持つ場合です。「これをやっておいて」というとすぐに対応してくれるのでありがたい反面、独断先行で行動してしまう場合が多いので、チームで足並みをそろえる必要があるときに、一人だけ和を乱すこともあるでしょう。しかも本人は良かれと思ってやっているので、「なんで周りから変な目で見られなきゃいけないんだ！」と怒り出す始末。「なんでライオン部下はあんなに人と衝突してばっかりなんだ……。普通にやってくれればいいだけなのに」と上司のあなたは頭を抱えてしまうかもしれません。

だけど、ライオンは単純で素直なので、直した方がいいところをはっきりズバッと言えば聞く耳を持ってくれます。ただし、伝えるタイミングには注意が必要です。本人がカーッと頭に血がのぼっていないときでなければいけません。感情的になっていると、何を言ってもまったく聞いていません。トラブルが発生して、「何やってんだ！」と言いたくなるときも、感情のままに伝えず、一呼吸おいてから「トラブルのことなんだけど、状況を整理したいから説明してもらってもいい？」と淡々と聞きましょう。上司でも部下でも、トラブルがあったとき、**ライオンを感情的にさせてはいけません**。周りが見えなくなり、かえって解決が遠のくことがあります。ライオンと一緒に仕事をする人はなかなかに胆力が試されますが、ライオンの才能を生かすことができれば、こんなに心強い仲間はいません。ぜひ、

上手に付き合っていただければと思います。

家族のライオンとの付き合い方

お子さんがライオン特性を持っている場合、ご両親のどちらか一方もライオン特性を持っていることが統計的に多いです。ご両親ともにライオン特性を持っている場合は、自分と同じタイプを育てることになるため、そこまで育児に困ることはないでしょう。

大変なのは、母親がライオン特性を持っていない場合です。

お子さんの活発さについていけず、四苦八苦してしまうはず。このようなときは、休日に父親と全力で遊んでもらうか、サッカーやバスケットなど運動量の多いスポーツを習わせましょう。あり余った体力が消費され、家で走りまわらなくなったりします。また、ライオン特性は太陽の下で活動することが大好き。公園やアスレチック広場などで遊ばせるのもオススメです。

体力を向ける先や、使う場所がなくなると、感情の起伏が激しくなり心が不安定になりやすいため、**子どもの興味のある分野で目標を作ってあげるとよいでしょう。**目標をクリアできない期間は不安定が続きますが、手ごたえを得られるようになると、精神面も安定してきますよ。

友人・恋人のライオン

ライオンは「自分がナンバーワン！」なので、恋人や友人関係といった親しい間柄になるとなおさら自分の意見や行動を押し付けてくることがあります。それでも友人の場合は、ライオンがその場を仕切ってくれたり、お出かけ先をまとめてくれたり、自分が率先して車を出してくれたりするので、とても頼りがいがあって楽しく付き合えるのです。負けず嫌いで、勝負に熱くなりすぎるのがたまに傷ですが……。

もちろん、恋人でもリードしてくれますし「毎日でも会おう！」といって情熱的なアプローチしてくれるのですが、その**熱量が時に圧として出る**ことがあります。DVやモラルハラスメント的な行動に変化してしまうのです。相手が傷つくことを言われたり、されたりしても何かアクションを起こさないと「この人には何を言ってもいいんだ」的な刷り込みがされてしまいます。事実、ライオンは28歳頃まではモテ期なのですが、それを超えると「パートナーとしてはちょっと……」と敬遠されがちです。このあたりを自覚し、年齢や経験を重ねていくにつれ、視野を広く持ち、性格を軟化させることが重要です。

ライオンの関係性別相性表

	◎	○	△	×
仕事				
恋愛				
友人				

Type2

猫との付き合い方

フレンドリー全開！　初対面でもその日に親友

猫は「人」が大好きです。好奇心旺盛で無邪気でもあるので、「何か面白いことはないかな？」と常にきょろきょろして楽しいことを探しています。突然、見知らぬ方からフレンドリーに話しかけられ、まるで前にもどこかで会ったような感覚で接してくる人に出会った経験はありませんか？　そういう方は往々にして猫です。

私の調査によると、大阪や沖縄、中国大陸やアメリカ圏に猫特性が多く、世界的にも猫特性を持った民族が多数あるようです。そして、その90％はポジティブ。

いずれにしても、人にラフ&フレンドリーに話しかけることができる、あの距離感がまさに猫の人付き合いです。

本来、「人と付き合う」という行為は、相手との距離感や相互理解の度合いを測りながら、それなりに気を遣う必要があります、しかし猫は感覚や感情を優先し、笑顔で人と人の間にある見えない壁を乗り越えていきます。ワクワクしながら考えることが大好きですし、猫にとって**「楽しさ」は生きる上で非常に重要**な要素なのです。

猫自身に悪気はないのですが、時間にルーズなところがあります。遅れる理由は様々で一概には言えませんが、①着ていく洋服が決まらない②地図が読めずに迷子になる③忘れ物をして一度家に帰る④私用を済ませていたら時間が過ぎていた、などが発生して約束の時間に遅れてしまうようです。猫と遊びに行く約束をした際は、時間にゆとりをもち、大きな目印のあるところで待ち合わせをするとよいでしょう。

愛情の豊かさや人懐っこさがあるので、グループで一人ポツンとしている子がいたら積極的に声をかけるような優しさもあります。心配りと付き合いやすさナンバーワンの立ち位置、それが猫なのです。

職場の猫との付き合い方

猫がいると職場の雰囲気が華やぎ、活気を与えてくれるでしょう。猫は職場に何人いてもよいですが、犬から見ると仕事が雑に感じられたり、細かなミスにイライラさせられたり……。猫は心に思ったことをそのまま口に出してしまう、朝が弱いために寝坊を繰り返すというような特性もあります。

「何回も同じことを言わせないで！」とばかりにまったく人の話を聞いてないことも。コミュニケーション能力は高いですが、「言われたことをきちんと漏れなく実行する」「頭の中で整理する」ことが苦手なのです。

逆に、猫からすると犬やゴリラは融通が利かず、細かいところまで指摘してくるので厄介な存在として映っています。それぞれ特性の得意・不得意があるだけなので、お互いの特徴を分かり合えると関係性がよくなるはずです。

さて、猫が上司の場合、人当たりがよいところや、接客での対応力は素晴らしく、見習うところがたくさんあります。しかし、事務的な入力作業をすると途端にミスを連発したり、行が一列ずれていて数字が合わなかったり、ということが起こります。そんな上司を見て「大丈夫かな……？」と、部下は心配になるかもしれません。また、面倒事は部下任せにすることもありますが、猫上司にはダメ出しをするよりも、苦手な面をうまくフォローしてあげると「頼れる部下」として信頼されることでしょう。

猫の上司に質問したいときはタイミングがとても大切です。猫は**「複数のことを同時に処理する」ことが苦手**で、タスクがたくさんあると何から手をつければよいのかわからなくなり、全てが中途半端になってしまいます。作業が落ち着いていそうなタイミングを見

計らって1個ずつ端的に質問しましょう。基本的に、いつも笑顔で明るい雰囲気。（お腹が空いているときは除いて）機嫌が良いので、キングコングやゴリラ上司に比べてはるかに親しみやすい存在だと思います。

猫が部下の場合はどうでしょうか。まず、猫は企画立案やプロジェクトの進行管理、事務作業やＰＣ作業など、デスクに向かって黙々と作業する仕事は、人の3倍努力をしなければ効率が上がりません。猫には技術系の仕事よりも、お客様対応などを任せた方がその魅力を活かすことができます。専門的思考力が求められる仕事を猫に任せるときは、その能力を見定めてからにしましょう。

また、猫に指示を出すときはひと工夫が必要です。難しい言葉や早口で指示されても、頭のなかで内容を整理することが苦手なため、同じ指示を何回も出すことになってしまいます。何度も聞く方も、何度も指示する方も辛いですよね。そうならないように**「メモをとらせる」「指示を書いた付箋やメモを渡す」**などの対策をしましょう。きっと猫は、メモを見ながら1つ1つ実践してくれるはずです。

もし、猫が失敗して注意しなければならなくなった場合、一方的かつ長い話は「早く終わらないかな？」と上の空で聞いてしまいがち。何か伝えたいことがあるときは、「ここが悪いよ、直そう」「運刻だよ。次は10分早めにね」くらい短い言葉で端的に、が鉄則です！

家族の猫との付き合い方

猫はとても家族思いです。猫が母親になったら、それはもう子どもをかわいがって育てます。これがほんとの「猫かわいがり」なんて。

しかも勉強しなさい、とか頑張りなさい、といったことを押し付けるようなことも少なく、「健康で元気でいてくれたらそれでいい」という思考を持っているので、結果的に子どもの自主・自立を重んじる母親になるでしょう。

しかし、我が子が大好きなせいでなかなか子離れできない猫もいます。子どもの方が「お母さん、私もういい大人だよ？」とため息をつくくらい子育てに入れ込みます。子どもが一人暮らしをするとなると、一緒について行きたくなるほどです。

猫のお父さんも同様に、家族を大事にするよきパパぶりを発揮するでしょう。犬のお父さんだと仕事や趣味に没頭して一人で行動することも多いですが、猫の場合は友達を呼んでみんなでバーベキューをしよう、とか休みには旅行に行こう、とか一緒に行動してくれます。まるで友達みたいなお父さんです。

そんな猫の親御さんたちに、子育てにおいて一つ注意して欲しいことがあります。子どもの進路についてです。進路や就職先などは「子どもがしたいことをすればよい」という考えを持った猫の親がとても多いですが、子どもから見える世界はまだまだ狭いもの。「近場の楽しそうなこと」でしか物事を考えられません。ぜひ、早い年齢から大人の広い世界観で手助けしてあげて、**子どもに合うお仕事や進路を一緒に考えてあげてください。**

家族に猫がいる場合は「スキンシップ」がとても大切です。寂しがり屋な一面もあるので、しっかり愛情表現をしてあげないと不安になってしまいます。ハグをしたり、子どもが小さいうちは一緒に寝てあげたり。まるで猫がじゃれ合うように、たくさんスキンシップをとってあげてください。そうすれば、本来の猫特性を存分に備えた愛情豊かな明るい人になってくれるはずです。

友人・恋人の猫との付き合い方

猫はほぼ全タイプと友達になれる性格をしています。しいて言うなら、俺様タイプのゴリラと、自己表現の少ない犬やうさぎがやや苦手ですが、それでもオールマイティ、どんな人でも大丈夫です。いつも探し物をしていたり、天然な発言をしたりする不思議ちゃん

でもありますが、本人は大真面目に生きているので、そのギャップがかわいらしいというか、微笑ましいというか。

しかし、これが恋人となると少し状況が変わります。猫は「自分にないしっかりしている人」を求めるようになるのです。猫が同じ猫を恋人や配偶者に選んでしまうと、価値観も気も合うので一緒にいて楽しいのですが、パートナーのルーズさが目についてしまいます（もちろん、自分自身もルーズさを持ち合わせています）。そして、お互いに将来のことを考えるのが苦手なため、大切なところが雑になり、（特に金銭面で）後々大変なことになる可能性も……。

では、どのタイプが良いのかというと、**猫にとって一番相性がよいのは犬**なんです。びっくりしました？　でもこれは本当で、自分には無い「真面目で計画性があり、きっちりしている性格に尊敬を抱き」、キュンとしちゃうようです。

よく恋愛ドラマで「コミュ力低め真面目男子」と「コミュ力高めキラキラ女子」がいつしか惹かれあっていく、そんなストーリーをみかけますよね。あれが典型的な犬×猫のパターンです。

猫の関係性別相性表

	◎	○	△	×
仕事				
恋愛				
友人				

Type3

犬との付き合い方

テリトリーを理解しながら、つかず離れずの距離感で

犬は、人よりモノや動物と付き合う方が楽、というタイプです。なぜなら、多人数が苦手で、人疲れしやすく、人見知りだから。ルーティン作業が得意だけど、想定外の出来事にはすごくストレスを感じます。そして、統計的にネガティブで真面目な人がほとんど。私の知る限り、犬特性を単体で持っている人が多い民族は日本人とユダヤ人です。

自己肯定感が低いため、自信のない雰囲気を醸しだしていることもあります。表現力も低く、鼻でフフフッと抑え気味に笑うような、静かな雰囲気の方です。一人でいる時間が大好きで、騒がしい場所や群れることを嫌がります。人が大好きな猫とは真逆ですね。

犬の突出した才能は真面目さ、専門性、ＰＣ操作能力、手先の器用さ、関心のあることへの類いまれなる記憶力。ただし、ＰＣ操作能力や手先の器用さは、子どもの頃にそれを扱う環境にいたかどうかで変化します。また、オタク気質で特定の分野にとても詳しい場合が多いです。例えばアニメ、音楽、漫画、鉄道、映画、車、アイドル……。

興味の対象となることは深掘りし、情報を集め、長期に渡り記憶します。もし、犬との会話に詰まったら、好きなコトやモノの話を聞いてみてください。楽しそうにたくさん話してくれるはずです。そんな犬を褒めるときは、「礼儀のよさや真面目さ」「知識の量や専門性」など、スキルや能力にスポットライトを当てるとよいでしょう。

そして、**のんびり屋でマイペース**なのも特徴です。人に迷惑をかけたくないという思考が強く、時間前行動をします。大人になってからは、社会生活のなかで「時間＝約束」という考えを強く意識するようになるため、より徹底した時間前行動をとる傾向があります。ただし、その内訳を見ていると独自のスケジュールで動いている犬が多いです。

たとえば、10時待ち合わせだとして、９時半起床、急いで準備、ダッシュという犬もいれば、30分前に待ち合わせ場所に到着して時間までうろうろしている犬もいます。これってバラバラの行動に見えますが、それぞれの「犬タイム」を過ごしているのです。また、約束している相手や重要度によって時間の守り方が変わるため、家族相手になると時間には超ルーズになる犬もいます。

感情表現をあまりしない犬ですが、古くからの友人や趣味の仲間、家族の前では大きな声で笑ったり、イタズラやおどけた姿をみせてくれます。犬さんって不思議ですね。

職場の犬との付き合い方

さて、職場に犬がいる場合は、どんな風に付き合えばよいのでしょうか。協調性やTPOを重んじるタイプなので、犬が何人いても衝突したり、いざこざを起こしたりすることは基本的にありません。専門能力が必要とされるデザイナー、設計士、プログラマー、エンジニア、編集者などのクリエイティブ職。知識量や記憶力を必要とする公務員、税理士、会計士、薬剤師、教師。技術力が必要とされる彫刻家や和食の料理人の多くは犬です。

それぞれの空間にこもってコツコツ地道に作業をするような働き方が一番落ち着きますし、作業効率もその方が良くなります。猫や猿からすると「こんなに黙々と作業していて楽しいの？」「ほとんど私語がない！　真面目すぎる！」などとびっくりしそうです。

気になるのが、犬は統率力や行動力、決断力が他のタイプに比べて低いため、**指示待ち人間になりやすい**ところ。自分から新しい仕事を引っぱってきたり、「仕事をどんどん回してください！」というような積極性をだしたりするのは苦手です。若手のうちは上司の指示を待って言われたことを粛々とこなす、それでもいいかもしれませんが、中堅どころとなるとそういうわけにもいきません。専門的技能が身につき、自分のスキルに自信がつくと積極性が出てきますが、それでもどうしたらいいかわからないときは、切り込み隊長のゴリラやキングコングの様子を見て、動き方を参考にすると良いでしょう。

犬は社会のルールや約束にこだわるタイプなので、仕事面でも「きっちりかっちり細かいところまで見る」上司になります。誤字脱字だらけの適当な書類や、中途半端なレポートを提出しないように気をつけましょう。基本的に怒らないタイプではありますが、常識を守らない人には怒りを向けることがあるため注意してください。また、犬の上司は積極的にコミュニケーションをとるタイプではありません。「ほったらかされてるのでは……」と、心配に思うかもしれませんが、違います。コミュニケーションが苦手で、自分の空間を大切にしているため、部下もきっと同じだろうと思っているだけなのです。意外にも感覚レーダーが広く周囲に目を向けているので、あなたのこともしっかり見てくれていますよ。部下からアプローチをすれば丁寧に受け答えをしてくれますし、とくに自分の知っていることはたくさん教えてくれるので、そこはうまく活用するようにしてください。

さて、犬が部下の場合は、**とにかく完璧に仕上げてから資料や成果を出そうとするので、とにかく時間がかかることが多い**です。こだわりが強く出てしまってなかなか次の段階に進めず、だけど自分から上司に相談するのも苦手なので、一人もんもんとして思考停止し

てしまいます。どうしても失敗を避けたいのです。そして、真面目できっちりかっちりしていますが、提出物の〆切日までマイペースに仕事をしてしまいます。上司からすると「早く終わらせて次の仕事を探したらどう?」と言いたくなりますが、期日が決まってないと「のんびりで良いのかな」という思考をしがちです。この一連の行動は、犬あるあるです。

犬の上司になる方は、明確な指示をだしてあげましょう。犬は他人に甘える事が苦手で、一人で抱え込みフリーズしているかもしれないので、期限まで放置はＮＧ。必ず進捗確認の声かけをしてあげてください。

家族の犬との付き合い方

ここまで「犬は人との関わり合いが苦手」と説明をしてきましたが、家族の前では違う一面を見せます。子どもの頃は「家ではあんなに自由人でわがままなのに、外では聞き分けが良く、先生からも褒められる優等生」といったことは珍しくはありません。犬タイプの子どもは「社会秩序を守り、他人に迷惑をかけない」という犬の特徴を幼少期からしっかりと発揮しています。そのため、家族から見ると元気で活発な子に映るのですが、外では真面目でおとなしい子に見られています。「人見知りが強く出る」ことも特徴です。

注意しなければならないのは、ライオン特性を持った親が犬の子どもを育てる場合です。犬特性は慎重で、物事を決めるのも、行動するのもゆっくり。そんな姿にライオン特性を持つライオン、ゴリラ、猿の親は「早くしなさいよ！」「それじゃダメ、貸して！」とせっかちさがでてしまいがちです。「早くして！」と思ったときは、「この子のペースがあるから」と一呼吸。どうか、待つことに慣れてください。なんでもかんでも親がやってしまう状態が長く続くと、子どもは徐々に決断力や自信がなくなっていき、指示待ち人間になってしまいます。「**自分で考えて実行させる**」ということも大切です。自尊心や自己肯定感を高めるためにも、犬が答えを出すまで焦らずに待ってあげてください。

ただし、本当に急ぐときは除きます。

友人・恋人の犬との付き合い方

犬は人見知りが強く、多人数の食事会や人がたくさんいる場所、うるさい場所が苦手です。神社や公園など、自然が多く静かな場所や、趣味のスポットに行くことが大好きです。

感情表現も苦手ですが、お酒を飲むと急に陽気になったりします。もし、犬が陽気な姿を見せてくれたのなら、それはあなたに心を許している証。その時間を一緒に楽しんであげてください。

もし、犬に恋をしたら、犬が興味を向けていることに関心を向けましょう。そして、犬と同じ趣味を持つのです。犬は自分が好きなことなら際限なく話せますし、趣味が同じであれば「この人と居たら楽しい」と思い、好意を持ってくれるはずです。話しを聞いているときは「すごい！」「いろんなこと知っているね」という褒めの合いの手もお忘れなく。晴れて恋人同士、夫婦となった際は、犬の「一人時間」も確保してあげてください。仕事帰りに一人でドライブをしたり、家に帰ってきたのに部屋やトイレに閉じこもったりしていたら、ストレスが溜まっている証拠です。1日に少しだけでも良いので、静かな一人の時間と空間（※私は「**犬小屋に籠る**」と言ってます）を確保できるようにしましょう。犬の部屋や書斎があるとベストですね。それだけでストレスは軽減され、良い家族関係が続くはず。特に接客業に就いている方は人疲れをしやすいので、一人の時間と空間は大切です。

若い頃からモテず、今も恋人がいない……という犬に朗報です。犬は心穏やかなタイプなので、30歳に入った頃からその落ち着きや知識が魅力として評価されてきます。それまでにたくさんの趣味を持つ楽しい人になってください。犬が無趣味で仕事と家の往復しかしていないようであれば、モテ期はやってきませんよ。

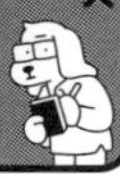

犬の関係性別相性表

	◎	○	△	×
仕事	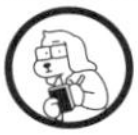	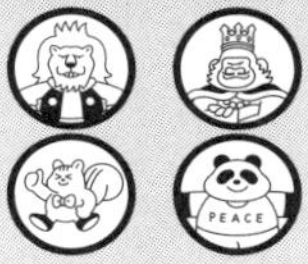	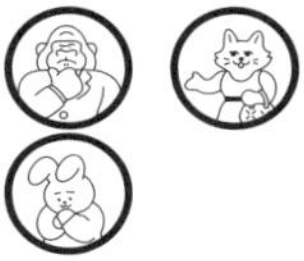	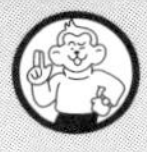
恋愛	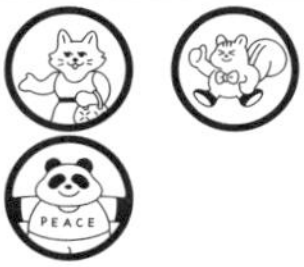	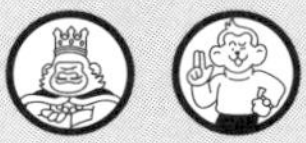		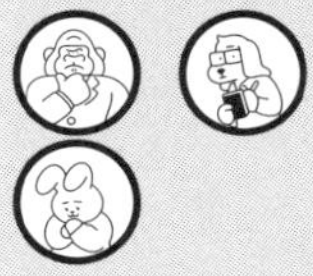
友人	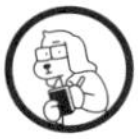	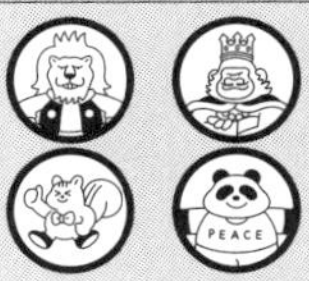	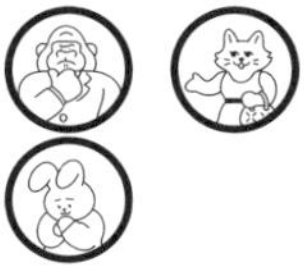	

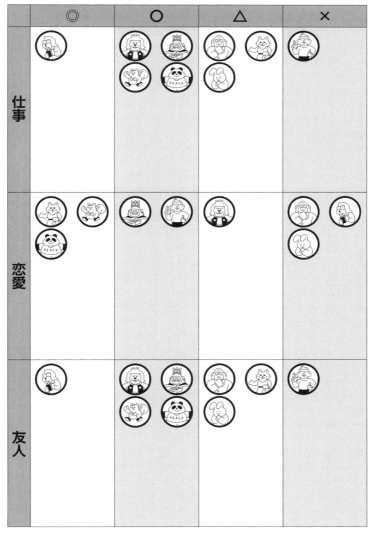

Type4

ゴリラとの付き合い方

昭和を感じさせる、義理人情に厚い人柄

昭和の義理や人情、仁義を軸とした熱い人間関係も、いまや遠い昔のことのような気がします。しかし、それを現代でも正義として実践しているのがゴリラです。

おさらいですが、ゴリラはライオン特性（＝リーダーシップ）、犬特性（＝論理的でＴＰＯ重視）を持ち合わせた性格です。無能・ダメな人間・頼りがいのない人と見られるのを極端に嫌います。周りの人間にも「ＴＰＯやルールを守ってほしい」というスタンスを押し通してくるところが少々難点。ご想像の通り、頑固なタイプです。

自己中心的で、自分の「これがやりたい！」を肯定してくれる人とばかり人間関係を深める傾向が強く、必然的に身の回りにいる人たちはゴリラの支持者だらけ、なんてことも。

しかし、「自分を支持してくれている」と認めた相手を絶対に見捨てたり、裏切ったりはしないどころか、最後まで面倒をみてくれるのがゴリラです。これは、義理と人情を貫いているからこそですね。親方や師匠と呼びたくなるような、「一生俺が食わしてやる！」と

でも言ってくれるような心強く、安心できる存在です。

反対に、自分の言うことを聞かない人に対しては心を閉ざし、距離を置きます。そのため「ゴリラさんは外向きの顔と内向きの顔が全然違う！」と思っている人も少なからずいらっしゃいますが、その通りなのです。

しかし、ゴリラ支持者のみなさんも、実は大変な思いをしているようで……。ゴリラの発言や圧力に振りまわされる、なんてことは珍しくありません。「もうついていけません！」と言って脱落する人もいますが、結果的にはそれでよいのです。**ゴリラが同時に良好な人間関係を築けるのは、多くても5人程度**ですから。それ以上増えると、ゴリラ本人が対応しきれなくなってしまいます。犬特性を持つゴリラは、大人数より少数精鋭の人付き合いの方が得意です。

人間関係には、ゆるいつながりもあれば、濃いつながりもあります。「この人のここが苦手」と思うところがあっても、「でも、こんな素敵なところもあるし、まあ、いいか」で水に流して付き合える人もいます。

だけど、ゴリラは違います。白黒はっきりした関係を求めているのです。

職場のゴリラとの付き合い方

起業や開業をしてトップとなり頑張るゴリラもいますが、会社の一員として使命をまっとうするゴリラもいます。後者の場合、職場にゴリラがいたら、社内には緊張感のあるピリッとした雰囲気が漂っていることでしょう。

仕事が大好きで、ビジネス書を進んで読み、頭がよいため知識を吸収し活用できるタイプです。さらに「この会社のために自分は何ができるだろうか？」と真剣に考えて、行動できるような優秀さを持っています。ライオン特性を持っているため、業務もすばやくこなします。犬特性の几帳面さも発揮して、その仕上がりは正確です。「明後日〆切の資料ができました」と早め早めに提出するくらいの段取り力も持っています。社会人として、みんなの見本となるような方です。「ここまでにこれをやるんだ」という意思が強く、他人にも厳しいけど自分にも厳しい。経営者であれば社員に求める要求も自然と高くなりますが、その分、自分もしっかりと成果を出します。「ただ口だけの人」ではありません。

しかし、人と対立することに物怖じしないので、社内で意見の対立が起こると**相手を論破してしまうことや、パワハラと思われてしまう言動をしてしまう**こともあるでしょう。

こうなるとゴリラの周りからは一人消え、二人消え……いつしか孤独で、近寄りがたい人になってしまいます。優秀だからこそ、そうなってしまうのでしょうか。

怒りがこみ上げたときに、振り上げたこぶしを下げることができるかどうか。それが、ゴリラが良好な人間関係を築くカギになります。ちなみに、ゴリラによっては「自分こそ法だ」と言わんばかりの横暴さを発揮してしまう人もいるようです。しかし、それではただのパワハラ……。プライドを低くし、ポリシーを高く持ち、持ち前の統率力とフトコロの広さを活かすことで、ゴリラはみんなから慕われるリーダーとなることができるのです。ぜひ、そのあたりを意識していただくとよいのではないかと思います。

自分が横暴になっていないか心配な方は、ぜひ第5章をご参照ください。

さて、ゴリラが上司だった場合です。タスク遂行能力が高く、やるべきことや目標をクリアするために手段を問わないところがあるので、当然、部下にも多くのことを求めます。

例えば、営業の新人1年目がノルマに達しなかったとします。「1年目だし、これから頑張っていけばいい」と言ってくれる犬や猫とは違い、ゴリラは目標未達の原因を理詰めで指摘することでしょう。しかも、頭がよいゴリラですから、そこに反論の余地はありません。部下は涙をこらえて「わかりました」というほかなさそうです。

これをポジティブにとらえれば、ゴリラの部下になると成果達成の圧力をかけられて大変な思いをするかわりに、食らいついていれば社会人として早くに成長し、武器を身に着けることができると言えそうです。ネガティブにとらえれば、精神的にかなり追い込まれるので、うつ病をはじめとしたメンタル疾患にかかる可能性も高くなるでしょう。

実際、「職場の人間関係がうまくいかないんです……」という相談者の上司や先輩は、ゴリラである場合が多いです。

思うに、ゴリラは部下に対して期待や信頼を寄せており、「あなたならこれができるはず」と信じているからこそ仕事を与えるし、達成できなければ「あなたにできないわけがない！」とショックを受け、悲しみではなく怒りがこみ上げてしまうのです。その根底には「情」があるはずですが、部下からするとただただ怖いだけですよね……。

もし、あなたの上司がゴリラだった場合、2つの選択肢があります。1つは、ライオン同様になるべく距離をとること。「仕事だけの関係」と割り切り、関わる時間を極力減らしていきます。つかず離れず、嫌われない程度の距離感を保つのです。

もう1つは、積極的に関わってフトコロに飛びこみ、**「仲間」として認定してもらう**のです。呼びかけにいつでも応じたり、無茶な要求もなんとかして実現したり。こちらは少々ハードですが、ゴリラ同様にあなたもライオン特性が強ければ難しくないはず。「この人から学びたい！」と思う方がゴリラであれば、トライしてみてください。

ゴリラが部下であれば「これ、できるかな？」と思えるくらい負荷のかかる仕事を任せてみましょう。ゴリラは要求が高いほど燃えるタイプです。その後、成果がかんばしくなくても、チャレンジ自体を褒めることで「次も頑張ろう！」という意欲を持って働いてくれます。上司が自分に期待してくれていることを感じとり、思いに報いようと一層努力してくれることでしょう。

家族のゴリラとの付き合い方

ゴリラは「**昭和の亭主関白なお父さん**」のイメージです。

そんなゴリラが家族にいる場合は、どうか慎重に対応してください。自分の意見を主張するのは良いのですが、聞き入れられるかどうかはゴリラの気分次第。

もっとも最悪なのは、ゴリラに何かを言われた直後に反抗的な態度をとったり、口答えをしたりすること。これでは火に油を注ぐようなものです。機嫌が悪いと、ちゃぶ台をひっくり返すように、怒りをぶつけてくる可能性があるので注意しましょう。

だけど、ただただ怒らせないように気を付ける、怒られても言い返さずじっとしている、というのも非常に辛いですよね。可能であれば、ゴリラ自身にアンガーコントロールを身に付けてほしいものですが……。

友人・恋人のゴリラとの付き合い方

イメージは九州男子や博多女子です。

友人として相性が良いのはゴリラ同士で、義理人情に厚い友情を築くスタンスが同じなので一番しっくりくるでしょう。他のタイプでも、自分を否定せず受け入れてくれる人であれば心を許してくれます。深い友情を築くことができれば、もしかしたら家族以上に大切に思ってくれるかもしれません。

恋愛関係では、猿と相性がよいです。これは猿が天才的なコミュニケーションの能力を持っているからこそ。猿の天然で子供っぽいところに、ゴリラは庇護欲をかき立てられるようです。

一方で猿はというと、ゴリラの頼りがいと安心感にほっとしている模様。ゴリラでうまくいっているカップルは、そのお相手がほとんど猿です。

ゴリラの関係性別相性表

	◎	○	△	×
仕事				
恋愛				
友人				

Type5

猿との付き合い方

甘え上手の乗せ上手！ 天性の愛嬌でどこでも誰とでも仲良くなれる

猿はとにかく人懐こく、誰にでも心を開いて付き合える性格です。特定の人とだけ深い関係を築きがちな犬とは対照的に、広く浅いけれども年齢も国籍も言語も関係なく、たくさんの人と友達になることができる。それが猿の人間関係です。

「人と距離を詰める天才」なので、立場の違う人とも当然仲良くなりますし、早々に親友の立ち位置まで登り詰めてしまうことも珍しくありません。「え、居酒屋で出会った○○会社社長主催のゴルフコンペに参加したの？」などと、常人には考えられないような離れ業をするのが猿なのです。

そして、周囲の人が無謀だと思うようなことでも、「これは面白いことになりそうな予感がする、どんどん進めよう！」と自分を信じて突き進んだ結果、とてつもなく大きな成果を残すのも猿です。大きなリスクをとって、大きなリターンを得ることができる人ですね（もちろんリターンを得られない場合もあります）。社会の隙をつくような斬新なアイデアを打ち立て、ビジネス的に成功している猿も少なくありません。猿にはライオン特性の行動力も備わっていますが、この特性が強すぎると「目的のためなら手段を選ばない」という判断をする瞬間も。強引に物事を進めたり、人の気持ちを無視したり。きれい事だけではままならないのがビジネスの世界なので、こうした遠慮知らずの一面がないと、世の中にインパクトをもたらすことはできないのかもしれません。事実、経営者となる猿も多いです。

社交性◎、行動力◎の無敵な猿ですが、**お金の管理はどうしても苦手**です。私の元に相談にやってくる猿も金銭トラブルを抱えている確率が高く、そのせいで友人や仕事仲間、あるいは家族との関係が壊れていくのですが、明るい性格であるが故に猿のもとには再び人が集まってきます。そして、新しい人間関係で同じトラブルを繰り返すようです。

関連して、猿は**借りたものを返し忘れる**ことが多いのですが、決してわざとではありません。自分が貸したことも忘れてしまう特性なのです。猿に何か貸しているときは、後日「そろそろ返してね」とリマインドしてあげましょう。

猿のポジティブさ、楽しさは素晴らしい才能です。無駄にしないためにも、慎重な言動を心がけて、無用なトラブルは避けてくださいね。

職場の猿との付き合い方

猿は「楽しい」という感情をとても大切にしています。興味のある分野には心血を注ぎますが、そうでないことに対してはあまりやる気が持てません。継続も苦手で、「これがダメならこっちでいいや」というような、1つのところに落ち着かない性格を持っています。「1つの会社にじっくり腰を据えたい」という犬に対し、猿は「毎年会社が変わってもOK、むしろ変化があったほうがワクワクする！」くらいのタフ&ラフさです。

猿は交流関係が広いからか、たくさんの人と出会い、いろいろな経験をしています。会話の引き出しも多く、1対1で付き合う分には抜群に楽しいのですが、いざ職場などで猿と一緒に働く場合は注意が必要です。

猿はプライドの高い人が多く、「評価されたい」という気持ちがあるせいで、褒められている人を見ると悔しさを感じます。負けるものかと立ち上がった猿は、オーバーリアクションでみんなの注目を集めたり、仕事を率先して引き受けたり……などと躍起になるのですが、実はマルチタスクがかなり苦手。最後に聞いた仕事だけを済ませて「すべて終わった！」と勘違いしてしまうことも。また、使ったモノを放置するクセがあり、探しだすのに周囲を巻きこみ、台風の目になることも多々あります。そのことを笑って誤魔化そうとするせいで、特に真面目な犬は不信感を抱きます。

そんな猿ですが、**雰囲気を明るくするセンスは最強！** 話題が豊富なので、職場を明るく楽しくしてくれるコメディアン的才能を持っています。基本的にはいつもニコニコとしていて非常に感じがよい人です。その状態でいてくれたら嬉しいのですが……喜怒哀楽のうち喜・怒・楽が出やすいのも猿の特徴で、自分の思い通りにならないと急にムキになることもあります。なかなかに注意が必要ですね。

猿は本能が強いという特性もあるため、上司の指示に従わず、自分がやりたいことを突き通してしまうこともあります。とある猿は飲み会の帰りに「明日は早朝から出張だから、猿さんも早く帰るように」と上司に念押しされたにも関わらず、友人を誘って飲み明かし、案の定、翌日は遅刻をしてしまいます。「楽しみたい」という気持ちを優先してしまうのです。「社会人として働く以上、これは常識だよね」という暗黙のルールが通用しない天然さ、とも言うことができるでしょうか。特性の度合いにもよりますが、中身は小中学生のままということが多いので、「こんな風に言われたら人はどう感じるか」といった情緒面や、「社会人としてのあるべき姿」などを猿は考えにくいようです。逆に、周りが猿の特性を理解

しておくと、「悪気があってこんな行動をしているわけじゃない」と思えるはず。どうか、温かい目で猿のことを見守ってあげてください。

上司が猿の場合は、自分の得意なことは進んで教えてくれますが、不得手なことは「それは他の人に聞いて」と人任せにすることもあるでしょう。猫特性が強い猿であれば、自分がわからないことでも頑張って取り組んでくれますが、結局どうにもならず部下と2人右往左往することも。

私がおすすめするのが、**猿の上司からは言葉ではなく行動を見て学ぶ**ことです。猿は勘が鋭い一方でボキャブラリーが少ないために言葉で教えることが苦手です。教えてほしいことがあれば、現場まで同行して口頭で説明してもらい、わからないことは後に持ち越さずその場で聞いてしまいましょう。事実、猿の接客や、臨機応変に対応できるトークスキルには目を見張るものがあるので、現場で体感したほうが勉強になると思います。

一方、部下が猿の場合です。自分の好きなことは進んで行うけれど、やりたくないことは後回しにする傾向があるので、逐一状況確認をすることが大切です。

また、複数のお願いごとをして、任せたままにしておくのもNGです。いったいどれから手を付けたらよいのかわからなくなり、1つも仕事が進められず、結局時間だけが過ぎていきます。上司が進捗をチェックできない場合は付箋やメモを活用したり、もう一人、メンター的な人をつけてあげたりできるとよいですね。

猿は1つずつ教えていけば自分で解釈し、次からは真似して、意欲的に取り組みます。現場に連れて行き、その場で身振り手振りで教える。失敗してもいいから、まずはやらせてみる。いわば「**体で覚えさせる**」というほうが向いています。自由奔放な猿が組織という枠組みに慣れるまでに時間こそかかりますが、人懐こく素直なので、きちんと愛情を持って接していけば、将来は会社にとって欠かせない人材へと成長しいくことでしょう。

家族の猿との付き合い方

親が猿の場合は、自分の楽しみを優先させてしまう傾向にあり、家族のことは二の次、三の次になることが多いです。

ただ、猿の親が猿を育てる場合、「自分と同じだな」と感じて親近感がわきます。そのおかげで、子どもの心は安定しやすく自己肯定感が高くなるでしょう。ただし、注意しなければならないのが、お母さんが犬、子どもが猿、という組み合わせの場合です。おとなしくて目立たない性格のお母さんに対し、猿の子どもは大声を出してあばれたり、走り回っ

たりします。犬のお母さんはそれだけでパニックです。「自分の子なのにどうすればいいか検討もつかない……」と泣きたい気持ちになるでしょうが、それは当然です。だって、自分と全然違う特性なのですから。お母さんが自分を責める前に、ご主人や実家のご家族、友人にも子育てへの協力をあおぎましょう。

友人・恋人の猿との付き合い方

猿が友達の場合、間違いなく愉快で楽しい関係が築けます。友達も多いので、大勢の仲間とワイワイすることも多いはず。交友エリアも広く、社会人ならさまざまな業種の方と仲がよいのも特徴です。猿は遊びの天才で「人生一度きり！　楽しまなければ損」という考えのもと、お金に糸目をつけずに全力で遊びます。

友人や恋人としては最高に楽しいですが、結婚を考えるとパートナーがこの金銭感覚をコントロールできるかどうかがポイントとなります。感情豊かで裏表のない性格は付き合いやすいですが、思ったことを悪意無くストレートに発して相手を傷つけてしまうことも。

恋愛で相性が◎なのは同じライオン特性を持つゴリラです。猿にはないゴリラの計画性や頼り甲斐、真面目さが、ちょうどよいバランスを保ちます。

猿の関係性別相性表

	◎	○	△	×
仕事				
恋愛				
友人				

Type6

リスとの付き合い方

誰とでもストレスなく付き合える、みんなの人気者

リスを見ていると、つくづく「なんてバランスの取れた性格なんだろう」と感じます。ポジティブ思考で平和主義。「みんなで仲良く楽しくしようよ」という考えなので、人が集まってくるのです。同じく平和主義で人気者のパンダがいますが、例えば「すごいね」と褒めても「いやいや自分なんて」と謙遜するのに対し、リスは褒めると「わぁ、そんなこと言ってくれるなんて嬉しい、ありがとう！」と、人の言葉を素直に受け取れる素質があります。そんなリアクションを返されると、「褒めてよかった」と思いますよね。リスって、知らず知らずのうちに**人にあたたかな気持ちをプレゼントできる人**なのです。

また、友達や恋人からサプライズされたりすると、本気で驚き、本気で喜びます。リス本人も人を喜ばせる天才ですが、喜ばせ甲斐もある人です。そして人に対するアンテナが高く、相手のことをよく観察しています。「髪の毛切った？」「今日のメイク可愛い！」「その服すごく似合ってる！」というような、今の時代気を遣いそうな発言も、リスが言うと

すんなりと受け入れられてしまう。それはリスが、本心でそう思っているからこそ。お世辞とか、社交辞令じゃないからこそ、言葉が響くし届いてしまうのです。

そんな付き合いやすそうなリスですが、意外と警戒心も持ち合わせており、「この人危ないな」とか「うまいこと利用されそう」ということには勘がはたらき、スッと離れることもできます。相手を１００％信じず、慎重に見定めながら付き合っていくため、金銭トラブルや人間関係のトラブルに巻き込まれることもほとんどないでしょう。万一、巻き込まれたとしても、早い段階で見切りをつけられる決断力も兼ね備えています。

なんだかリスのいいことばかり書いているような気がしますが、本当にリスって「**欠点がないことが欠点**」のような人なのです。人間関係について、あえて気を付けてほしいことを挙げるとするなら「人からやっかまれること」でしょうか。「多方面から可愛がられていて面白くないわ、フン！」と思われてしまったときに備えて、やっかみや嫉妬を上手に受け流すコツを伝授します。簡単なのが「相手にしない」ことですが、せっかくリス特性を持っているのですから、ここは相手に踏み込んでいってほしいものです。ときに謙遜して、ときに相手を褒めまくって心の壁を壊し、やっかみをコントロールしてあげましょう。そうすれば、どんな人でも付き合える「無敵」状態になれるはずです。

職場のリスとの付き合い方

いつも機嫌がよく、周りの仲間にも気を配ってくれるリスですが、ライオン特性を持つ人からは「いい人なんだけど、いまひとつ積極性に欠ける」と思われています。「もっとできるはずなのに、なぜ出世欲がないの!?」と言われることもあるでしょう。

もともと勝負事や争いが苦手で、誰かに負けたとしてもゴリラやキングコングのように悔しい気持ちは生まれません。それよりも「やっぱりライオンさんはすごいな」とか「私ももっと頑張ろう!」という風にポジティブに変換するのです。また、職場で「リーダーをやってよ」と言われて頑張ってみるのですが「やっぱり私はプレーヤーの方が向いている」と考えるリスも多いことでしょう。ライオン特性がないので、人の上に立ってメンバーをまとめて率いていく、ということはそもそも向かないのです。

リスが得意なのは人の輪に入り、それぞれの関係を深め、つながっていくこと。「年齢や性別を超えてみんなに対等で、気持ちよく仕事をしたい」という思考があるので、社内の働き方改革とか、キャリア相談役には適任です。口が堅いので、秘書業務やカウンセラーなどの業務も安心して任せられると思います。個人のプライバシーに関するところまで一歩踏み込んで話を聞くことができたり、一人一人の悩みに寄り添いともに問題解決を目指してくれたりするイメージです。

さて、リスが上司だった場合です。面倒見がよく細かいことは気にしません。個性も理解してくれるし、何より感じが良いので、一言で言えば最高です。**部下を「褒めて伸ばす」**タイプなので、成果が上がれば一緒に喜び、悩み事があれば相談に乗ってくれる、まるでお母さんかお姉さんのような優しさがあります。

ただし、「人に無理をさせる」ということはしないため、「ガンガン成長したい！」と思うライオン特性持ちには少々物足りなく感じることもあるでしょう。でも、たとえキングコングのような型破りの発想と行動力を発揮する部下であっても、「リスさんっていい人だな、今度はこんなことを提案してみよう！」という気分にさせるので、どんな部下が来ても教育できると思います。リスを上司に持ったときは、自分の目標や目指したいキャリアをありのままに話してみてください。頭ごなしに否定する人ではないので、「うん、うん」と親身になって話を聞いて、最後には背中を押してくれるはずです。それが「売上1000億円の会社の社長になりたい」という、荒唐無稽な目標であっても大丈夫。どんなことでも受け入れる柔軟性を持ち合わせているので、思い切って話しちゃってください！

そして、そうしたリスの姿勢を学び、あなたが上司となったときに部下に寄り添えることのできる人になってください。

さて、リスが部下だった場合はどうでしょう。これまでさんざん説明してきたように、話しやすさ◎、協調性◎、優しさ◎なので、ついつい気軽にいろんなことを頼んでしまう部下になると思います。しかし、リスは猫特性の「整理が苦手」要素を持っているので、あまりたくさんのことを言われると混乱してしまいます。上司はキャパ以上のことをお願いしないよう気を付けましょう。1つ1つの仕事を丁寧に伝え、確実に業務を片付けられるようにすると、滞りなく業務が進むはずです。また、接客や人の対応は得意なリスですが、データ集計や分析は不得意で時間がかかります。業務スキルが向上するようサポートするのも上司の務め。成長スピードはゆっくりかもしれませんが、**経験を重ねていけばどんな業務も確実にできるようになる**ので、どうか長い目で見てあげてください。

また、ケンカや大きい声で意見を言い合うという状況に恐怖を感じるため、大声を出して注意するのはNGです。「怒られた」というより「怖い」という意識が先行してしまい、肝心の中身を聞いてない……ということになります。指摘するときは淡々と、「このミスは気を付けないといけないよね。次からどうすればいいと思う?」などと、リスに考える余地を与えると、自立心も芽生え、次からはミスを起こしにくくなります。

上司にせよ、部下にせよ、組織にリスが1人いると職場の雰囲気は明るくなり、士気が高まります。もし、採用時にリスを見つけたら逃さないことをおススメします。

家族のリスとの付き合い方

両親にリスのいる家庭は平和的です。子どもと一緒に楽しむこともできますし、猫ほど子どもに依存しないので、ほどほどの距離感で家族仲良く過ごすことができます。会話力があるので、家族、とりわけパートナーへも感謝の言葉を億面なく言えてしまうのもリスの特徴です。旦那さんや奥さんに「ありがとう」とか「ごめんね」と伝えるのってなんとなく照れくさくて、「言わなくてもわかる」なんて思ってしまいそうなものですが、リスは持ち前の天真爛漫さで、人が言いにくいこともさらっと言えてしまいます。

一方で、犬特性も持っているため、子どもや家族の時間は大事だけど、**「自分の時間もしっかり確保したい」**と思っています。例えばリスのお母さん×猿の子どもの場合、子猿は母リスに24時間構ってほしいオーラ全開。ですが、さすがの親リスも四六時中ペースを合わせることはできません。「一人にさせて~!」と思うこともあるそうです。感じがよくは

リス

きはきと受け答えするので、ストレスがなさそうですが、見た目によらず心に色々と溜めこんでいることも。ぜひ、そのあたりをご家族の方が察してあげて、一人で過ごす時間をつくってあげるなど配慮していただけたらと思います。

友人・恋人のリスとの付き合い方

パンダに負けず、リスも他のタイプすべてと良好な友人関係を築けます。ちょっとしたことでも笑ってくれるので、「リスがいると楽しいよね」と思われていることでしょう。

気を付けなければいけないのは恋愛関係です。20代の成人期に、リスは自分にはない「ライオン特性を持つ人」に惹かれる傾向にあります。しかし、30代以降の成人期後期になると、ライオン特性との価値観の違いに悩むことになり、自分の特性を理解してくれる同じタイプのリスや猫、犬を好むようになります。恋愛の末結婚したのに、40代になってライオン特性のパートナーが嫌になってしまう……果ては離婚というケースも少なくありません。そうした結末を迎えぬよう、事前に自分の心を守る術をいくつか用意しておくことをおすすめします。心を守る術や恋愛についての詳しいお話は、第5章をご参照ください。

リスの関係性別相性表

	◎	○	△	×
仕事	 	     		
恋愛		  	   	
友人	 	      		

Type7

うさぎとの付き合い方

関わる前から傷付いている、生まれ持っての繊細さん

ナイーブ度ナンバーワンのうさぎ。まだ何にも起こっていないのに、「何かよくないことが起こるんじゃないか」と不安で心配になっています。基本的に人付き合いが苦手です。心を許せるのは家族、それも兄弟くらいでしょうか。家族との関係が悪くなってしまうと「ペットのほうがよっぽど自分のことをわかってくれる」と本気で思いはじめます。

人間関係って難しいですよね。学生時代、「自分は○○さんが一番の友達だと思っていたけれど、○○さんからすれば私は仲のいい友達の一人にすぎないんだ」なんて考えたりしませんでしたか？　こうした繊細さが爆発し、鬱々と考え込んでしまううさぎですが、犬特性を持っているので手先が器用で、文章作成もデザイン作業も人並みにできるスキルを持っています。「あの人、コミュニケーションは苦手なようだけど、得意なことをやらせたらすごいな」と、本当は思われているのです。

問題なのは、その評価を素直に受け取れないこと。せっかく褒められているのに「自分な

んて、どうせ大したことない」と全然違う受け取り方にしてしまうのです。ネガティブ度85%が通常運転で、それに加えて職場でストレスがかかったり、家族からの圧をかけられたりすると「自分は必要のない人間。ここから消えてしまいたい」という極端な発想に至ってしまう危うさがあります。

うさぎに限っては**ネガティブ度を減らしていくことが優先すべき課題**になるでしょう。そしてうさぎの周りにいる人たちは、うさぎのネガティブな思い込みを一つ一つ正していく必要があります。この作業には時間がかかります。

そして、うさぎに限らず人が変わるためには、本人が「変わりたい」と心から思い、「自分を変える」覚悟を決めなければなりません。

なので、なんとなくでも生きにくさを感じているうさぎのみなさんにお願いです。「人間関係をうまくやろう」とか「人に合わせよう」と思わないでください。それよりも**「自分が今、夢中になれる趣味や楽しみ」に全力投球**してみてください。それができたら、その成果物を通して他の人とのコミュニケーションが生まれるはずです。そうして、「人とのコミュニケーションっていいものだな」という感覚をまずは身につけてみてください。

人との関わりを持つこと、すべてはそこからはじまります。

職場のうさぎとの付き合い方

友達を自分から遊びに誘うことがなかなかできず、誘われたら気が進まなくても、「断るのが申し訳なくて」ととりあえず行ってみる。だけど、残るのは疲労感だけ。うさぎのみなさんはこうしたことを繰り返して来たのではないでしょうか。学生時代はまだ気の置けない友達がいたかもしれませんが、職場ではそういうわけにもいきません。

うさぎは与えられた仕事をまじめにコツコツとこなそうとしますから、つい自分のキャパ以上の仕事を引き受けてしまうこともあるでしょう。ときに栄養ドリンクを飲みながら、ときにカフェインをとりながら頑張るのですが、仕事に追われているうちに心が折れ、「誰も自分のことをわかってくれない……」とふさぎ込んでいき、ある日キャパオーバーになり「会社辞めます！」と極端な方向に走って周囲を驚かせてしまうことがあります。こうならないためにも、仕事を続けていくうえで注意点が3つあります。

ひとつ目は、**自分の気持ちをためこむクセを直す**ことです。「この仕事は苦手だから時間がかかりそうだな」「できるか心配だな」と不安に思ったら、周りの同僚、先輩など言いやすい人にあらかじめ話しておきましょう。直接言いにくいときはチャットやメールなどでも構いません。自分の気持ちを小出しにしていくことを心がけましょう。

２つ目は、**「できないことはできない」と伝える勇気を持つ**ことです。「これを言ったら怒られちゃうかな」などと心配になるかもしれませんが、できないことを早めに相手に伝えておけば、他の策を考えてくれるはず。全て自分でやらなきゃ、と背負いこむのではなく、周囲の人にヘルプを求めるのも仕事のうちです。

３つ目は、仕事上での失敗を引きずらず、**自分を褒めること**です。うさぎはついつい自分の悪いところやできないことばかりに目が行きがちですが、評価されているところも絶対にあります。どんな些細なことでも書き留めて、自分の自信にしていきましょう。また、失敗したら反省会をはじめたくなってしまうと思いますが、反省会は明るいうちに済ましておきましょう。夜だと外も心も暗くなりがちなので「やらない」が鉄則です。

では、うさぎが上司だった場合です。人に指示を出す、注意をするのが極端に苦手なので、部下からすると「何にも言ってこない上司だな、大丈夫だろうか……」と不安になるかもしれません。ですが、うさぎは見るところはきちんと見ていますので安心してください。

ただ、部下のミスを「叱れない」という性格もあり、コミュニケーションがギクシャクしたものになっていく可能性が高いです。うさぎを上司に持つ部下は、自分で自分をマネ

ジメントするような姿勢が求められるでしょう。

一方、うさぎが部下だった場合です。とにかく自分に自信がなく、言われたこと、指示されたことをすべて受け取ってしまうので、仕事の配分に気を付けてあげてください。

また、感情に任せて注意をするのはNGです。特にライオン特性を持つ上司は大声で詰めたくなってしまいますが、それではうさぎは自分の穴蔵に帰り、『何も考えられないモード』に突入してしまいます。自分の感情が高ぶってないときに、優しく丁寧にミスを指摘してあげるようにしてみてください。

男性のうさぎは責任感がありますがプレッシャーに弱く、少しのことでも気が滅入ってしまうことがあります。次のような様子が見られたら、黄色信号です。早めに人事などに相談し、しかるべき対応をとるようにしてください。


朝から眠そうにしている／ため息が止まらない／人と目を合わせなくなる／挙動不審になる／休みがちになる／鬱々とした顔でだるそうにしている／食事が喉を通っていないようだ（痩せてきた）、もしくは過食傾向

「男なんだからこれくらい強く言っても大丈夫だろう」とか「昔はこの程度のプレッシャーは当たり前だった」と言うのは禁物です。右の反応が出てきたときは部下の体調や反応を見ながら適宜、仕事を与えるようにしてください。

家族のうさぎとの付き合い方

生まれ持ってのうさぎは元々繊細で人見知りも強く、周囲の目を気にしがちです。そのため、あまり目立たない子どもとして育ちやすく、自己表現も苦手です。この部分は犬と似ていますが、うさぎの方が笑顔は多く、洋服や持ち物にかわいらしさやユーモアさを控え目に取り入れておしゃれを楽しんでいます。

後発的なうさぎは生活環境が大きく影響しています。パワハラやモラハラを受けて育ったのか。それとも、生活苦により次第にうさぎが後付けされていったのか。このいずれかである可能性が非常に高いです。

どちらのうさぎにも共通しているのは、自分に自信がないことです。趣味を見つけて全力で楽しむ、心休まる一人の時間と空間を確保することが大切になります。環境の変化でうさぎの特性が減ってくる場合もあるので、何が原因なのかを本人や家族がしっかり理解

しておくことが大切になります。

友人・恋人のうさぎとの付き合い方

警戒心が強く人見知りであるうさぎは、なかなか相手に心を開くことができません。心を許した相手には、とてもお茶目な自分を見せるようになります。友達候補を挙げるとするなら、同じ繊細さを共感してくれる犬やうさぎがよいでしょう。明るく楽しい猫やリスとも仲良くなれます。ライオン特性持ちの、言葉の強いゴリラやキングコングには苦手意識を持ちやすいです。「ダメだ」と思ったら、距離感を大切にしましょう。

恋愛においてもライオン特性の強さや激しさがない、優しい猫やリスに惹かれる傾向があります。しかし、自分から告白することがなかなか出来ないためチャンスを逃しやすく、寂しがり屋な一面があるので、不倫など思いもしない方向に流されてしまう場合も少なくありません。恋愛が立ち行かなくなると気分が大きく落ち込む傾向があるので、とくに女性のうさぎは注意が必要です。うまくいっている時はハッピーですが、浮気されたり振られたりするともう大変。仕事も生活も何も手につかなくなるほど落ち込みます。まずは自己肯定感をもう少し高めて「恋愛に耐えうるメンタル」を持つことが大切かもしれません。

うさぎの関係性別相性表

	◎	○	△	×
仕事				
恋愛				
友人				

Type8

パンダとの付き合い方

誰にでも平等　人を恨まないねたまない悟りの人

パンダは全ての特性を平均的に持っているので、運動能力・会話力・思考力・感情表現力も平均的になりがちです。リーダー性はライオン特性持ちほど高くなく、だけど全くないわけでもない。とてもバランスがとれている人なので、学校生活や職場などでは、**雰囲気を安定させるクッション材**として役割を発揮してきたことでしょう。

もの覚えが早いので、子どもの頃からなんでもそつなくこなせます。逆に、際立った得意分野がなく目標を設定しにくいため、将来したいことが定まらずに悩むことも。目標をしっかり持っていたとしても、継続して鍛錬していかなければ、生まれ持った「皆から愛される才能」に満足してそれ以上能力が伸びなくなってしまいます。パンダの周囲にいる方々は、パンダが夢や目標に向かって努力する姿をどうか優しく見守り、パンダの心が挫けそうなときは、自信を持てる一言を送るなどしてサポートしてあげてください。

そんなパンダですが、10代～20代まではライオン気質が強く出るため負けず嫌いだったり、親と衝突したりすることがあります。ところが、30歳を超えてくると怒らないようになり、子どもがモタモタしていてもニコニコしながら手伝ってあげる、そんな本来のパンダ気質を発揮します。たくさんの人との出会いや経験を通じて、徐々に角がとれ、プライドが落ちていくのです。

パンダを見ていると、本当に「こんないい人いるの?」とこちらがびっくりするくらい。実はパンダの親友がいるのですが、やりとりしている最中にぽろっと体調を崩していることをこぼしたところ、後日東京から食料を送ってくれました。「そんなつもりじゃなかったのに」というと「だけど心配だったから」というのです。改めて後日お礼を言うと「ああ、具合良くなったんだね。よかった!」と、どこかあっさりした返事。そもそも人に見返りを求めず、「相手が元気になってくれたらそれでいい」という慈愛の心と奉仕精神を持っているようです。

まさにパンダは空気や水といったごく身近な存在。私たちを**見えない愛で包んでくれる**ような、そんな関係を無欲で築きます。こればかりは特性なので、真似しようと思ってもなかなか他のタイプはできないかもしれません。パンダの心温かく、平和主義で、「誰からも好かれる性格」をお分かりいただけたでしょうか。

職場のパンダとの付き合い方

なぜパンダが人と競ったり、争ったりしないか。そのひとつには「基本スキルが平均的だから」という理由があります。前にもお話しましたが、パンダは能力値がオール3なので、何かに特化した他のタイプと比べると個性が出にくいのです。「猫さんはいいな、みんなと仲良くおしゃべりできて」「犬さんはコツコツ真面目に1つのことを続けていてすごいな」などなど。他のタイプに対して常にリスペクトを持っています。

さて、こんなパンダが上司だった場合です。人当たりが良いので「ここがわからないんですけど」と聞きに行けば、いつだって機嫌よく対応してくれます。まさに「上司向き」な人だと言えるでしょう。部下からするといつもポジティブで、優しい言葉遣い・声掛けをしてくれるので、仕事もしやすいと思います。「パンダさんには聞きやすいから」といって他の部署から慕われることも多い、人望のある方です。協力を仰げばなんでも手助けしてくれるので、あまりパンダに頼り切りにならないよう、自律心と責任感を持って仕事をするようにしましょう。ありがたいことに、ゴリラやキングコングといったライオン持ち特有の圧力をかけてこないので、ついつい甘えてしまいたくなります。しかし、それでは成長が遠のくばかり。「パンダさん、この業務は自分一人でやってみたいんですけどいいですか？」と言ってどんどんチャレンジしていく。そうすると、きっと目を細めながら「頑張って、応援するから」とパンダ上司は言ってくれるはずです。

一方、パンダが部下の場合です。みんなから慕われていて、イヤな顔をせず手伝いにも協力してくれます。キャラクターは良いのですが、上司からは「人間性は申し分がないのだけれど、能力は平均的なんだよなあ……」と評価されることが多いです。そのあたりはパンダ自身も察していて、「一生懸命仕事を頑張っているけれど、**仕事の評価は低いんだよね……**」という悩みを抱えています。

パンダの上司、あるいはパンダを雇用している経営者の方々は、パンダが見えないところで頑張ってくれていること、パンダの平和的で包容力のある性格が社内の人間関係の一役を担っていることを評価してあげてくださいね。

パンダの部下は、少しせっかちなところもあり、スピーディながらもゆとりのある仕事ぶりを発揮します。安心感・安定感がありますね。これと決めたら努力し続けられるという才能もあるので、個人面談では、きちんと目標設定ができているか、到達するための勉強や経験ができているかを確認するようにしましょう。

パンダはその人柄を活かして教育係や事業部間を取り持つ調整役を任せるなど、「人への丁寧な対応が求められる」職務に就くのが一番よいでしょう。どんなタイプともうまく関わることのできる能力は、**「様々な人の対応をしなければならない」シチュエーションでこそ真価を発揮**します。

最後に注意点です。パンダのもとには、その人間力により人が集まります。たくさんの人に頼られ、慕われているうちに、「自分にはすごい才能があるのかも！」と過信してしまい、長年勤めた会社を退職して独立する……このようなケースがパンダには珍しくありません。そして、多くのパンダが失敗していくのです。

この理由は2つあり、1つは個性や際立ったスキルが必要な自営業では「平凡」という印象に終わってしまうためです。もう1つは、統率力が低いためにハイスペックな従業員が辞めていってしまうのです。

もし、パンダが「会社を辞めて自分で会社を立ち上げたい」と言い出したときは、謙虚さを失っていないか、高いスキルをしっかり身につけているかを客観的に見てあげてください。もしそうでなければ、真心をこめて本人に伝えてあげてください。「嫌われるかもしれない」と思うと気が進みませんが、そう簡単に人を嫌わないのがパンダです。耳を傾けてくれるでしょうし、あなたの心配する気持ちも理解してくれるはずです。

家族のパンダとの付き合い方

誰からも愛されるパンダ。その特性は家族の中でも発揮されます。親の場合は仕事に家事になんでも一生懸命。ユーモアさを持っているので明るい家庭環境を築くことでしょう。育児や躾もよい意味でゆとり教育的なので、お子さんの自立も早そうです。ゴリラや猿の親のように、子どもにうさぎ気質を植え付けることもありません。

子どもがパンダの場合、ざっくりでよいので**早めに人生の目標を持たせましょう**。これが将来に大きな影響を与えます。パンダは平均的な才能を持っているため、学生時代は苦労することなく好成績を収めます。しかし、そのせいで選択肢が広がりすぎて、自分に合う進路や仕事が分からなくなるのです。社会に出ると、今度は特化した才能を持つ人達の中に属すことになり、パンダは「私は平均的で普通だから……」とせっかくの才能を活かせなくなります。パンダは目標を持ち、継続して取り組んでいくことで、他のタイプ以上の才能を持つことが可能です。親御さんはそういった環境を作ってあげて、お子さんの才能を無限に広げてあげましょう。パンダの有名人は大谷翔平ですよ！

友人・恋人のパンダとの付き合い方

誰からも愛されるパンダは、猿の次に交流関係が広いですが、その付き合い方は猿ほど派手ではありません。パーティ好きでもなければ、「人生一度きりだからHAPPYで行こうよ！」というようなこともあまり考えません。生まれ持った特性で上手な距離感をとり、節度のあるお金の使い方ができます。また、パンダは人や動物にも優しく、愛情豊かでホッとさせてくれる存在です。少々せっかちなところやマイペースさを持っていますが、パンダが職場や友人にいると空気が和み、争いのない平和な空間になるでしょう。

これとは反対に、恋愛は苦労をするようです。パンダの才能が平均的であるがゆえに、30代からの恋愛相手に必要な「尊敬できる人を好きになる」という傾向に該当しにくいためです。そして、パンダ自身が相手を好きになる場合にも尊敬を求めますが、ライオンの活動力、猫のユーモアさ、犬の思考力すべてを持った人に心惹かれてしまい、結果的に恋愛対象がキングコングとなります。キングコングはあまり恋愛向きの性格ではないので、恋人関係が続かないことが多いようです。パンダは**恋愛対象者に求めるものを減らす**ことで、良質な恋愛ができるようになりますよ。

パンダの関係性別相性表

	◎	○	△	×
仕事				
恋愛				
友人				

Type9

キングコングとの付き合い方

付き合う人が常に変化　去る者は追わない、ドライな人

怒りや情熱をエネルギーに変えるキングコングは、人間関係もまた独特です。

キングコングは、好奇心旺盛でいろんなコミュニティに中心人物として属する傾向にあります。

そのなかで特にお気に入りの人ができると、その人とばっかり行動するようになります。

旅行をしたり、お互いの家を行き来したり。はたから見てもすごく仲が良さそうに見えるのですが、あるときパタッとキングコングからの連絡がなくなります。

相手は戸惑いますが、キングコングに悪意はありません。違う人やエリアに関心や行動範囲が移ったことが理由である場合がほとんどです。このように、熱しやすく冷めやすいことが基本的な行動原理となります。

また、キングコングは、**感情面が不安定になりやすく、【無】と【激】の両方の感情がシンセサイザーのように分単位で激しく入れ替わります。**この性格を本人もコントロールで

きないため、自分を理解できず苦しんでいる方も多くいらっしゃいます。

　このような性格ですが、仕事が成功している人や、好きなことに全力を費やしているような人は精神面が安定しています。自分の思い通りに事が運ばないと嫌なんです。

　職場や趣味の世界に自分よりも才能がある人が近くにいると、持ち前の負けん気がでてきて本気で対抗し、勝負します。そして、負けるとその場から潔く消え、自分の能力を活かせる新たな場所を探しはじめます。競争意識と負けん気が強いキングコングと付き合う場合は、次の2つのことを意識してください。①キングコングには独自の倫理観があり、そこから外れた人を見ると怒りがわき、関係のないエリアの人にまで感情を向けてしまいます。しかし言いたいことを言えばスッキリするあっさりした性格です。②キングコングは人のお世話が大好きですが、自分の事は構われたくありません。

　このように独特の世界観を持った人ではありますが、性格に裏表がありません。この2つを理解したうえで人間関係を築くと、とても付き合いやすく頼り甲斐もあることがわかるでしょう。注意するとしたら、キングコングに**上から目線で意見を言わない**ことです。どうしても負けん気の導火線が出てくるので、引火して大爆発してしまいますよ？

職場のキングコングとの付き合い方

断言します。キングコングは職場に2人いると、間違いなく衝突します。衝突ならまだいい方で、キングコング同士、頂点を競って潰し合いになったら大変。負けた方はリングを去ることになるのですが、巻き込まれた人たちはたまったものではありません。キングコングは会社や部署に1人が鉄則。2人以上発見したら、直ちに距離をとらせてください。

ちなみに職場の一社員として働く場合、評価はまっぷたつに分かれます。「キングコングさんじゃなきゃいや！」か、「キングコングさんだけ〝は〟嫌！」かです。なぜなら、結構な毒舌家で、単に言葉遣いが荒っぽい場合もあれば、心を打ち砕く一言を発したりするから。それを「面白い！」と思う人もいれば、「いや、キツイ……」と感じる人がいるのも当然ですよね。

さて、そんなキングコングですが、人生の早い段階から自分の進路を決めている方が多いので、仕事が趣味、仕事は天職、となりやすい傾向にあります。ただ、いかんせん飽きっぽいため、転職を繰り返す人や、自営業の場合は本業を誰かに任せて他業種に手を出したりする人もたくさんいます。意思がハッキリしているので、決断したら迷いません。思考力と決断力は天下一品です！

マルチな才能を持っている人がとても多く、その実力を買われて役職に就いた人が多いのですが、自分が出来すぎてしまうため、**「出来ない人の気持ちがわからない」**ことが多々あります。自分の納得できないことはどこまでも詰めてくるため、ライオン特性を持っていない人はその圧力に負けてしまいそうになるかもしれません。

特にキングコングが上司の場合、最も気をつけなければいけないのは、キングコングが発言した内容に疑問や意見がある場合です。キングコングが熱弁を奮っている最中に口を挟まれたり、持論に反対されたりするとカチン！　となりやすく、こちらが立ち上がれなくなるまで攻撃を続ける可能性があります。何か意見があるときは、まずは間を置きましょう。そして、相手がクールダウンしているときに意見や提案を投げかけてみるのです。そうすると、キングコングはしっかりと耳を傾けてくれるでしょう。

キングコングは「嫌なこと」「気になること」が怒りに結び付きやすく、我慢できなくなってしまう特性があります。「自分を雑に扱ってくる人」「下に見てくる人」「マウントを取ってくる人」が嫌いで、そういう雰囲気を察知するのも異常に早いので、特にキングコングが熱くなっているときは慎重な取り扱いが求められます。

これが経営者ならよいと思います。嫌な環境、嫌な人がいるなかで仕事をしても本来の

パフォーマンスは発揮できません。キングコングを必要としてくれる人たちのもとで、全力を出し切りましょう。その先に、キングコングと長期で付き合える本当の「仕事仲間」がいるはずです。

さて、キングコングが部下だった場合です。仕事をお願いする場合、プロセスを丁寧に説明してあげてください。

例えば、「この資料が急に必要になったから、明後日までにつくっておいて」だけでは全然足りません。そこに感情を含めるのはOKです。言い変えると、「これ、明後日締め切りだってことを忘れていて、緊急で資料が必要なんだ。だけど打ち合わせが詰まっていて作業する時間がとれない……悪いんだけど、やってもらえる?」すると、「わかりました」と言って高速で仕上げてくれるでしょう。

ライオン特性が強く、親分肌を持っているので、頼られるのはむしろ嬉しいのがキングコングの特徴です。それで期日通り提出してくれたら「キングコングさんがいてくれて本当に助かった、ありがとう!」と精いっぱいの感謝を伝えましょう。きっと、今後も気分よく仕事をしてくれるはずです。

家族のキングコングとの付き合い方

キングコングが母親の場合、家族や子どもに強く言いすぎてしまい、**子どもが繊細なうさぎ特性になってしまう**ことが多いです。また、子どもは勝手に育つという感覚も持ちあわせており、あまり子どもに関心を向けません。キングコングが父親だった場合、子どもは妻に任せて仕事や遊びに全力！　という方が多いようです。

そもそも、キングコングは子育てにそこまでの興味を持っておらず、子どもができたら「あとは勝手に育ってくれ」とすら思っているかのようです。

親もキングコング、子もキングコングの場合は特に注意が必要です。そのあまりの強さに、子どもは親に心を開けないことが多くなります。ともあれ家族のなかにキングコングがいる場合、それ以外のタイプからは「お父さんのことがわからない」「お兄ちゃんだけど、近寄りがたい」といったことになります。

ちなみに、私がこれまで鑑定してきたなかで、親のどちらか一方がキングコングの場合、キングコングの子どもが生まれる確率は90％以上という統計データがあります。もしあなたがキングコングの場合、両親のどちらか一方はキングコングです。なるべく早く独り立ちをし、距離をとって暮らせるとよいでしょう。幸いなことにキングコングは生存能力が強いので、1人でも十分生きていけます。

友人・恋人のキングコングとの付き合い方

キングコングはとても面倒見のいい性格で、友人や知人をとても大切にします。

しかし、交流の範囲が広いため、ある日パタリと連絡が途切れる……ということもあるかもしれませんが、あまり気にする必要はありません。キングコングは裏表のない性格で、言いたいことはハッキリ伝えます。もし嫌われたのであれば、態度や言葉にしっかり表れるので気づくことができます。

そして、キングコングの恋愛についてです。熱しやすく冷めやすい性格のため、付き合いはじめるもどこか合わない気がして、次の相手を探しはじめたりします。男女問わず、そんな**プレイボーイ的**な行動をとる人が多いです。女性の場合は、告白されても相手のことを心から尊敬、信頼できない限り付き合うことができません。ルーズな人を許せないという性格のため、仕事でも恋愛でも、フラットな性格のパンダや真面目な犬との相性がとても良いです。

キングコングの関係性別相性表

	◎	○	△	×
仕事		  	 	  
恋愛	 		  	   
友人		     		

column

「全人類リス化計画」

全タイプ共通の人間関係をよくする最強の方法。それが「笑顔&ポジティブ」でいることですが、これが一番得意なのがリス。そこで、どのタイプでもリスに近づくことのできる秘訣を紹介します!

★相手に自分の正義を押し付けない
自分の正義感が相手には圧として伝わるかも。言葉選びは慎重に！

★相手の気持ちになって行動しよう
自分が言われたり、されたら嫌なことはしないこと。愛のある行動を！

★好奇心を持ち続ける
興味が増えると日々の楽しみも増えます。まずは何でもトライ!

★何気ない楽しみを趣味にランクアップ
趣味をつくると、同じく趣味の仲間に出会えて世界が広がるかも!

★思考をポジティブにしておく
物事を全部前向きにとらえる癖をつけてみましょう!

★明るい色を身に着ける
赤や黄色、オレンジなど明るい色を見ると心も明るくなります!

★目標・目的をつくる
どんな小さな目標でも、決めておくと前に進む意味が生まれます!

★相手の誉め言葉を素直に受け取り喜ぶ
褒められたとき、謙遜ではなく「ありがとう」と言おう!

★失敗は自分を成長させてくれるものと喜ぶ
失敗なくして成功なし。失敗は「成功に一歩近づいた」証です!

★何気ない時間を笑顔で過ごす
笑顔の自分を好きになる練習。家族と過ごす時間も笑顔!

★明日を楽しみに笑顔で寝る
「明日はどんな良いことがあるんだろう!」とワクワクした気持ちで寝てみましょう。翌日に楽しいことを見つけやすくなるはず!

★ 朝起きたら、その1日を楽しみに思う
「今日はどんな楽しいことが起こるんだろう!」とワクワクした気持ちで起きてみましょう。きっと１日笑顔で過ごせます。

5章

4万人を鑑定してわかった不変の法則

悩ましい特性との付き合い方

うさぎ化を避ける・抜け出すためにできること

とっても繊細なうさぎは、さまざまなことでストレスを抱えたり傷ついたりしがちです。人見知りで、圧のある人が苦手。「あの人は私のことを悪く思ったのではないか」と相手の気持ちを考えすぎてくよくよしたり、「どうせ私なんて……」と萎縮したりします。

この症状が極まった状態が「うつ」なのですが、「それがうさぎの特性だから」と言って楽観視もしていられません。とくに、次のような症状があなたご自身や、周囲の人たちに現れた場合は要注意、早めの対応が必要です。以前と比べて……

①人に会いたくなくなる。
②能動的に動けず、指示待ちになる。
③光や音に敏感になる。
④自己表現が少なくなる。
⑤食欲がなくなる。

⑥慣れた人の前でも笑えない。
⑦ネガティブ思考がとまらない。
⑧細かいことにイライラする。
⑨思考力・行動力・実行力が低下する。
⑩夜に寝られず、昼間は眠たくなる。

このような症状が3つ以上あらわれ始めた方には、私が2度「うつ」を体験し、それを乗り越えて得た次の『行動回避　3つの対処法』を提案しています。

【対処法1】心と体の両面を見つめてあげる

心が疲れていると、体が十分なエネルギーを摂れなくなることがあります。「脳は起きているけど、体が動かない」という「うつ」状態から脱却し、心と体を連動させることが大切です。疲れたときこそ、エネルギーや栄養素をしっかり摂ることを意識しましょう。ご飯・味噌汁・野菜を少しだけでも食べる。それが難しければフルーツや、フルーツジュースだけでも良いのです。食材をきちんと食べることを意識しましょう。

また、地味なようですが太陽の光を浴びることも重要です。5分でも10分でも夕方でもいいので、日に当たりぽかぽか気分を味わいましょう。そして1日の終わりは何も考えずスパッと寝る。今日の反省会をするよりも、明日をもっと楽しい1日にするために、心と体の充電をしてあげてください。眠れないからと夜中にスマホを見るのはＮＧですよ。

【対処法2】「だけど」「でも」「だって」、自分は悪くないのに「ごめん」と言わない

うさぎがネガティブに傾いてしまうと、会話に後ろ向きの言葉が飛び出します。ネガティブワードは知らず知らずに自分の心を傷めつけているものです。気持ちが落ちているときはついつい「ごめん」と言いたくなりますが、不用意にネガティブワードを使わないためにも、相手が何かしてくれたときは「ありがとう！」「嬉しい！」「良かった！」といったポジティブワードをたくさん使ってみてください。そして、自己満足でいいので、自分が夢中になれる趣味や目標を見つけてトライすると「楽しかった」「良い気分だった」とポジティブ思考にもなれるのでおすすめです。1日24時間の中で、ポジティブ思考の時間を増やし、ネガティブ思考の時間を極力減らしていきましょう。

【対処法3】自分なりの立ち直り方を知っておく

うさぎを乗せている状態になると「陰」の部分が思考や言動にでてきます。そこから立ち直る方法はそれぞれのタイプや人によって異なります。

例えば犬は、一人の時間と空間を充実させ、少しでもたくさん眠ることが重要。猫は親友とランチをして、たくさん話をすることで心が軽くなり、「陰」の部分が少なくなります。ライオンは身体を動かすことでストレス発散、元気が出ます。**どうしたら自分は楽になるのか？　にフォーカスして、一番ワクワクする行動を最優先にしましょう。**もちろん、心が苦しくなれば会社を休んでも良いのです。なによりも大切なのは自分の心と体です。

家族がうさぎ化した場合、まずは家族がその状態に早期に気付く。そして本人にも気付かせることが大切です。女性や猫がうさぎ化した場合はハグをする、スキンシップをとるなどして「あなたが存在するだけで私たちは嬉しい」ということを伝えてあげましょう。

男性やライオン、犬特性持ちがうさぎ化した場合は「安心」という言葉が救いになります。「あなたが側にいてくれるだけで安心する」という言葉を、どうかためらいなく、かけてあげてください。「私にはうさぎ要素がないから大丈夫」と思っている方。人生、何が起こるかわかりません。人は何才からでもうさぎ化しますし、大切な人がうさぎ化するかもしれません。どのタイプも、うさぎの回避術を知っておくと安心です。

圧力から身を守る方法

ライオン特性を持っていない猫、犬、リス、うさぎ、パンダのみなさんは、ライオン特性を持つライオン、ゴリラ、猿、キングコングに頼りがいや安心感を抱くと同時に、そこはかとなく感じる強い圧力からは身を守らなければいけません。

自信に満ちあふれたパワー全開のライオンが近くにいるだけで体が縮こまってしまう。完璧主義のゴリラと会話するだけで緊張してしまう。そんなライオン特性から面と向かって圧力をかけられた日には大変です。犬やうさぎなら寝込んでしまうかも……。

では、ライオン特性を持たないタイプは、どのようにして圧力から身を守るべきでしょうか。端的に言えば**「沸騰ボタンを押さない」**ことがもっとも有効です。

例えば、行動力やスピード感のあるライオンは、スピードの遅い人にイライラします。少しでも早い行動を心がけると良いでしょう。ゴリラは沸点が低く、思い通りに動かない相手に対し怒りがすぐに出てしまいます。謙虚な姿勢や言い回しで接する、ミスや失敗は早めに相談するなど、怒らせないようにするのが吉。逆に「あなたを頼っています」アピールをすると、協力してくれる心強い存在となるでしょう。そして、全タイプ共通で、相手の怒りの感情が高まっているときに反発したり、諭すようなことを言ったりするのは絶対にやめてください。更に怒りの感情が高まるだけなので、質問や意見があるときは一度受け止め、本人が冷静になってから会話を試みましょう。

彼らには一定のパターンがあります。ライオン特性が怒りだすパターンを観察して見つけだし、それを回避しさえすればある程度の圧力は避けることができるでしょう。それでも「圧を受けて苦しい」場合は、もしかするとあなたの行動や言動が、ライオン特性の人たちをイラつかせているのかもしれません。その原因を探ってみてほしいと思います。

さて、圧から身を守る方法を書いてきましたが、もっとも大事なことは心にゆとりを持ち、**「スルースキル」を手に入れる**ことです。ライオン特性を持つ本人たちは、悪意を持って人に圧力をかけているわけではありません。特性なので、仕方がないのです。もしキツイ言葉を投げかけられても、「ちゃんと聞いてます」という態度をとりながら、圧力は受け流してしまいましょう。スルーできず、気が滅入ってくるようであれば、勇気は必要ですが圧の強い人から「距離を置く」、限界を超えたときは「逃げる」ことも大切です。

「アンガーマネジメント」にお困りの方へ

さて、ライオン特性があるライオン、猿、ゴリラ、キングコングのみなさんにお伝えしたいことがもうひとつ。それは、怒りの感情をコントロールするアンガーマネジメントの方法です。納得のいかない事態が起きたとき、否定や嘲笑を受けたときなどに、ついカッとなってはいませんか？

それでは何の問題解決にもならず、自分も相手もストレスが溜まるばかりです。

自分の怒りを上手に沈め、感情をコントロールすることができれば、人間関係は良好になります。そのための方法としてよく耳にするのが「怒りの感情を自覚したら、心の中でゆっくり6秒数える」というもの。人間の怒りは6秒で頂点に達し、それ以降は理性が働きだすため、怒りに任せた衝動的な行動を抑えることができるというのです。

しかし、ライオン特性が強い人は「6秒じゃ全然足りない」と思うでしょうし、現に私のもとへ「どんな方法を試しても怒りのコントロールができない」と悩まれているライオン特性の強い方々が、それはもう、たくさんお越しになります。

それもそのはず、6秒で事足りるのはライオン特性がないか、非常に少ない人たちだけ。ライオン特性を持つタイプからすると、6秒で到達するのは「今まさにマグマが噴火する寸前の状態」です。安易にこの手法を実践しても、行きどころのない、抑えの効かないエネルギーがストレスとなり、怒りや攻撃性を増大させてしてしまうだけでしょう。

私はそうした方々へ向け「6秒ではなく、**30秒数えましょう**」とお伝えしています。「30秒でも無理！」という方は、怒りの感情がこみ上げた瞬間に、**一刻も早くその場から離れてしまいましょう**。歩いているうちにだんだんと気持ちも落ち着いてくるはずです。

ただし、膨大なエネルギー量を宿すキングコングは、怒りもイライラもすべて活動の原動力に変えて、自分の中で完全燃焼させてしまうのも良いでしょう。その際、間違っても周囲へ延焼させないように気をつけてください。

タイプによって対処方法はさまざまですが、まずは「自分はカッとしやすい特性なんだ」と自覚しておくことが第一歩目です。自分を客観的に見るだけで冷静になれるため、一定の効果がでてきます。アンガーコントロールを継続する意識は、ライオン持ちの高いプライド（次のページで解説）を下げる訓練にもなります。

社会生活を左右するプライドとポリシーの話

「ああ、この相談者さんはプライドがもう少し低かったら人間関係がうまくいくのに……」と思ってしまう方が相当数いらっしゃいます。主にライオン特性を持つライオン・ゴリラ・猿・キングコングに対してですが、「プライドを低く保つ」というのは全タイプに共通する大事なことです。プライドを持つことは、自分の考えや行動に自信を持ち、我が道を突き進むことができるということ。その姿は素敵ですし、みんなの憧れです。しかし、自尊心が高まりすぎると失敗を認めなかったり、他人の意見を聞き入れなくなったり、意見のあわない人は排除したりと横柄になることも。そうなると、だんだんと周りから人がいなくなってしまうのです。これではリーダーシップや親分肌、カリスマ性といったライオン特性の強みを発揮できません。能力はあるのに活かせないなんて、非常に残念なことです。

私は、人間関係を保つには「**ポリシーを高めてプライドを下げる**」ことが大切だと考えています。ここで言うポリシーとは、人生の目標や目的のことを指します。少し大げさかもしれませんが「生きる意味」とも捉えられるでしょう。ポリシーが低い人は、自己肯定感をなくしてしまい、自分の目指すべき方向性すら見失っている状態です。すると、自分の生きる意味を問うばかりで社会に順応しづらくなってしまいます。しかし、ポリシーを高く持つことで、「私は自分の信念や目標に向かって全力でトライしている！」と胸を張って生きることができますし、応援してくれる人も出てくるでしょう。また、プライドは「弱いところを見せたくない」「下に見られたくない」という繊細な要素もあるため、自分より優秀な人物が現れたら簡単に傷ついてしまうもの。しかし、ポリシーは信念であり、否定されたとしても傷つくことはありません。**ポリシーとは、ブレのない強い心なのです。**

プライドを下げるには、「挫折や困難を乗り越えた経験」を積み重ねる必要があります。尊敬する人や周囲の人から、「自分の傲慢さや未熟さ、見栄や甘えからくる不要なプライドを消す大切さ」を学び、そして活かしましょう。ちなみに、プライドを下げるチャンスは43歳前後がリミットと感じています。企業勤めであれば役職につく年頃ですし、そうでなくとも指導してくれる人がいなくなってしまうのがこの年齢。ここまでに「ポリシーを高めてプライドを下げる」ことができれば、みんなから慕われる素敵な存在になることも十分可能です。ぜひ今日から、チャレンジしていただけたら幸いです。

変化する恋愛感覚と特性の関わり
～変わり続ける女とありのまま生きる男～

「長年連れ添ってきたのに、パートナーの行動や価値観が全然理解できません」

私のもとにはこのようなお悩みを持つカップルやご夫婦がよくお越しになります。好き同士で付き合い、愛を誓い合ったのにどうして？　周りも本人たちも疑問を抱きます。

数多くのカップルを見てきた私にとって、この現象はむしろ至極当然。その理由は、**女性が心惹かれる相手の条件が時期によって変化するから**です。10～20代前半に出会い、恋愛を経て結婚した2人は「似た特性同士」であることが多く、30代以降に価値観のズレが生じて気が付いたときには関係が悪くなっていることがよくあります。なぜかというと、女性が約28歳から65歳くらいまでに心惹かれる人の条件が「尊敬できる人」へと変化するからです。尊敬というのは「自分にないものを持っている人」に抱きます。これは「正反対の特性の人」であり、10代～20代の「似た特性同士」とは異なります。40代以降に魅力を感じるのは、自分との特性は反対のままで、「同じ価値観や楽しみ」を持つ人。そして、

65歳を超える頃からは「安らぎ・安心」を感じられる人へと変化していきます。

男性は女性のように大きく変化することがなく、10代からずっと『優しい・いつも笑顔』の人を求めます。20代を過ぎると、これに加えて自分とは反対の特性に惹かれていくようです。若い頃は、恋愛をしていても友人の延長という感覚が強く、家庭を持つ年齢になると尊敬し合える相手を求めます。「恋愛と結婚は違う」といいますが、まさにその通り。結婚する際は「**相手と自分の特性をしっかり理解し合う**」ことが大切になるでしょう。

では、結婚を成功させるためにはどうしたら良いでしょうか？ その答えは「**これからやってくる恋愛感覚の変化を先取りして相手を選ぶ**」ことです。①自分の特性と反対の人②尊敬し合える人③趣味や価値観が似ている人④一緒に居て笑顔になれる人。この4つに注目すると相手が見つけやすくなります。加えて重要なのは「ライオン特性を持っている人はライオン特性持ち」を、「ライオン特性が少ない人はライオン特性の少ない人」を選ぶことです。ライオン特性は統率力や行動力、強さがあり、若い頃にはとくに魅力的に映ります。しかし、年を重ねるにつれて、そうした特性が受け入れがたくなる人たちが少なからず存在します。それがライオン特性の少ない猫・犬・リス・うさぎの皆さんです。この部分は40代以降、とても大切なポイントとなりますのでぜひ参考にしてくださいね。

女性の好きになる相手と特性の変化

●**学童期（6～13歳）**：一緒に遊べたら良いので、相手には元気さ、活発さを求める。

●**青年期・前期（13～16歳）**：思春期。知識や個性の必要性を認識し始め、学習能力や目立つ特徴のある人を求める。異性として相手を意識し始める。

●**青年期・中期（16～18歳）**：自分の世界を広げようと活動エリアの広い相手を選び始めるため、狭い校区内での繋がりからはずれ、広いエリアから集まる人と触れ合う。

●**青年期・後期（19～22歳）**：センスの良さ、優しさ、おしゃれさを求める。自分と同じ思考や趣向の人たちが集まるコミュニティに入っていき、中でも目立つ人に心が惹かれる。

●**成人期・前期（22～28歳）**：親の保護から解き放たれ、知らない世界をたくさん感じたいと思うため、大きな夢を持っていてチャレンジしている人を求める。

●**成人期・後期（29～40歳）**：尊敬できる人を好きになる。家庭を築く上で、自分にないものを持っている人と生きていきたいと考えるため。

●**壮年期（40～64歳）**：子育てが終わり、母という思考がはずれ、自分は女であるという思考が強くなってくる。そのため尊敬＋同じ趣味や考えを持った人が良いと感じ始める。

●**老年期（65歳～）**：孫との時間や、残りの人生をいかに楽しく過ごすか？に関心が向くため、安らぎを得られる相手を求める。

おわりに

人は、自分の理想像にがんじがらめにされています。

「社会人なんだから、現実を見て生きていかなきゃいけない」

「子どもが生まれたのだから、常に100点満点の親でいなければならない」


だからこそ、理想に追いつけない自分や他人にがっかりします。

「どうせ、私は何をしてもうまくいかない」

「親友なんだから、私の気持ちを全部わかるはずでしょう？」


不幸なことに、理想を体現する「完璧な人間」はこの世界に存在しません。

自分にも他人にも、必ずどこかに欠点があります。

しかし、ここまで読まれた方はもう理解しているはずです。

欠点は時として「美点」や「強み」となり、人を輝かせるのだということに。

この本を読んだあなたが
「自分の理想像」「完璧な人間」のイメージから解き放たれ、
「ありのままの自分」を受け入れることができたのなら、
これ以上の幸せはありません。

最後まで読んでいただき、ありがとうございました！

また、どこかでお会いできることを願っています。

河野ヒナタ（黒まめ先生）

〈著者紹介〉
河野ヒナタ（黒まめ先生）

メンタルカウンセラー / 特性アドバイザー
これまで4万人以上の個性鑑定を行い、「生きにくさ」解消の手助けをしてきた。

「ここまで自分のことを言い当てられたのは初めて」「自分のことも相手のことも理解できた」などの声が多く、9タイプに分類した人の特性の理解を通じて人生が好転する人が続出。その正確性が口コミで広がり、出張鑑定で全国を飛び回る日々を過ごしている。

幼少期から20代にかけてのトラウマ体験や事故により2度のうつ病を発症。その後、心理学との出会いがきっかけとなり人生のどん底から這い上がり、あらゆる人々の鑑定を通じて「人が悩むポイントと性格には類似性がある」「悩みのほとんどが人間関係によるものである」「相手のことが分かれば、悩みの半分以上は解決できる」ことに気づく。人の性質や悩むポイント、解決策を整理・分析して、「パーソナリティ特性診断」を独自に開発。「自分を正しく知れば、人は変われる」をテーマに、その普及と啓発に努める。

講演会や鑑定などでは「黒まめ先生」として活動。

パーソナリティ特性診断

発行日	2025年2月7日　第1刷発行
著者	河野ヒナタ（黒まめ先生）
発行者	清田名人
発行所	株式会社内外出版社 〒110-8578 東京都台東区東上野2-1-11 電話 03-5830-0368（企画販売局） 電話 03-5830-0237（編集部） https://www.naigai-p.co.jp
装幀	藤塚尚子
イラスト	FUJIKO
本文DTP・図版	中富竜人
編集協力	掛端玲
編集	小林カイ
印刷・製本	中央精版印刷株式会社

ISBN 978-4-86257-725-2